Le Socialisme

HISTOIRE = DOCTRINE
RÉFUTATION = AVENIR

PAR

L'ABBÉ J. MOULARD
Licencié ès Lettres

LIBRAIRIE CATHOLIQUE EMMANUEL VITTE

LYON | PARIS
3, place Bellecour, 3. | *14, rue de l'Abbaye, (VIe)*

1906

Le Socialisme

LYON. — IMP. EMM. VITTE, RUE DE LA QUARANTAINE, 18

Le Socialisme

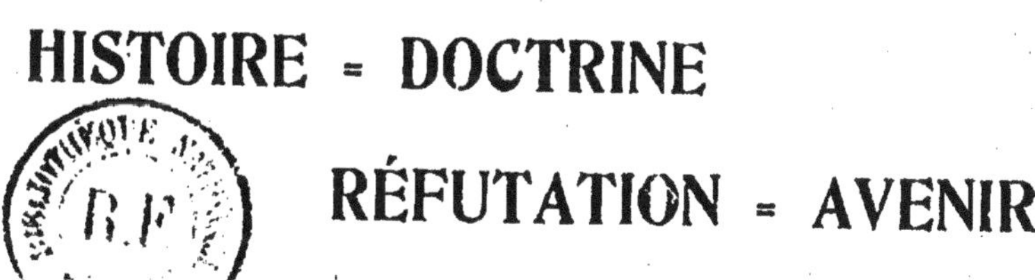

HISTOIRE = DOCTRINE

RÉFUTATION = AVENIR

PAR

L'ABBÉ J. MOULARD

Licencié ès Lettres

LIBRAIRIE CATHOLIQUE EMMANUEL VITTE

LYON
3, place Bellecour, 3.

PARIS
14, rue de l'Abbaye, (VIe)

1906

AVIS AU LECTEUR

Cette étude, donnée en conférences, n'était pas, tout d'abord, destinée à la publication. Mes auditeurs ont voulu l'avoir imprimée, et des esprits éminents m'ont assuré qu'elle venait à son heure et pourrait faire du bien. Devant cette dernière raison surtout, je cède à leur désir.

Certes, ils sont innombrables les travaux sur le socialisme : on ferait une bibliothèque d'eux tous. Mais peut-être manque-t-il un livre assez court pour se laisser lire facilement, assez éloigné des théories abstraites pour ne pas rebuter le lecteur, assez taillé dans le vif des idées actuelles pour être intéressant, et pourtant assez complet et documenté pour former un tout sérieux et solide. Je serais heureux que l'on trouve dans cette étude quelques-unes de ces qualités, comme je serai reconnaissant à tous ceux qui voudront m'en indiquer les défauts.

Bien que considérablement augmentée, je lui garde la forme de conférence : elle me paraît plus alerte, plus piquante, plus apte à tenir éveillée l'attention du lecteur. Des caractères en relief dans le cours de l'ouvrage et une table à la fin indiquent nettement les divisions et la suite logique des idées.

Ce modeste travail, je vous le dédie donc, chers jeunes gens et auditeurs qui l'avez entendu, et j'ajoute, sans puérile vanité, si souvent applaudi.

Je le dédie à vous, bons ouvriers de tous ordres, qui

souvent vous dites socialistes, sans trop savoir ce que c'est ; qui vous laissez docilement conduire par des meneurs dénués de toute conscience, vivant grassement de leur métier, et qui ne voyez pas assez les dangers et les amères déceptions que ces farceurs vous préparent.

Je le dédie à vous, braves habitants de nos campagnes, qui êtes un objet d'inquiétude et de fureur pour les politiciens socialistes, à cause de votre instinctive résistance à leurs funestes utopies, à cause de la nette compréhension que vous avez de vos intérêts, à cause de votre large bon sens.

Je le dédie enfin à vous tous, bons Français et libéraux sincères, qui comprenez qu'on ne peut plus aujourd'hui se désintéresser de la question sociale, qu'il faut là-dessus réfléchir, étudier, s'instruire, parce que, de sa solution socialiste ou anti-socialiste, dépend le salut ou la ruine de la France.

Puisse-t-il, ce petit livre, dans la grande bataille des idées qui se livre en nos temps — et les idées mènent le monde aujourd'hui plus que jamais — puisse-t-il apporter à quelques âmes sincères son humble provision de notions saines, fortes, chrétiennes, patriotiques, et tracer tout doucement son modeste sillon de lumière.

Le désirer est toute mon ambition, l'obtenir sera ma meilleure récompense.

Lyon, 19 janvier 1906.

INTRODUCTION

Messieurs,

Sollicité de vous donner une conférence, et n'ayant point su, comme il convenait, refuser, je n'ai pas cru trouver, d'autre part, de sujet plus important, plus utile, et, j'ose espérer, plus intéressant pour vous que la question si brûlante du socialisme. Vous savez tous que ses doctrines occupent la presse, les livres, le parlement, le pays tout entier ; personne d'instruit et de sérieux qui ne prenne parti pour ou contre elles. D'où, la nécessité, impérieuse aujourd'hui, d'avoir, sur ce sujet, des idées nettes, justes et fortes, afin de se former tout d'abord, à soi-même, une opinion bien raisonnée ; ensuite, pour réfuter, au besoin, les audacieux propagateurs de décevantes théories, et porter la lumière dans l'âme d'autrui.

La conférence que je me propose de vous donner, Messieurs, elle est faite d'études longues et très documentées, de remarques et de réflexions personnelles, car je vous avoue, pour mon humble part, avoir toujours eu la curiosité passionnée du socialisme. Et afin de lui prêter, à cette conférence, à défaut d'autres qualités, un peu de clarté et de précision, je vous dirai, en résumé, l'**historique** du socialisme, et, plus longuement, la **doctrine**, la **critique** et l'**avenir du socialisme**. Certes, loin de moi la vaine prétention d'être complet dans une matière aussi vaste et aussi touffue ; mon ambition est seulement de faire surgir de cette matière, bien en relief, les idées capitales, pour qu'elles se gravent fortement dans votre mémoire. Messieurs, j'ai préjugé que la somme de votre patience à chacun pouvait atteindre une grande heure, et même davantage. Si la patience naturelle ne suffit pas, faites appel, je vous en prie, à la résignation chrétienne. Ainsi, à défaut d'autre profit, vous retirerez au moins de ma conférence, le mérite d'une bonne action.

Précis historique du Socialisme

Le socialisme dans l'antiquité.— Les théoriciens du socialisme actuel, pour se donner la majesté des âges lointains, se cherchent quelquefois des origines dans l'antiquité. Ils trouvent, dans le traité « de la République » du grand philosophe grec Platon, la description d'un état qui contient en germe quelques-unes de leurs plus chères idées sur la travail et la propriété. Ils se gardent bien d'ajouter que cette République n'a jamais existé que dans l'imagination idéaliste du célèbre philosophe, lequel, du reste, affirme, dans le même livre, la ruine inévitable de son gouvernement rêvé, s'il vient à tomber aux mains de la démocratie. ! La constitution de Sparte avec sa communauté de biens, les lois agraires portées à Rome par les Gracques, leur fournissent encore des arguments historiques. S'ils avaient le souci de la vérité, ils ajouteraient, qu'à Sparte, l'égalité de biens fut de courte durée, et que, pour quelques milliers de citoyens propriétaires-socialistes, il y avait plus de cent mille hilotes ou esclaves tuables à volonté ; qu'à Rome, les lois agraires ne purent jamais être appliquées et devinrent la cause de longues années d'anarchie. — Peut-être cependant, se soumettraient-ils à une nouvelle constitution lacédémonienne, à condition de supprimer le brouet noir d'alors, que ce soit eux les citoyens, et nous, les hilotes.

Le socialisme, les premiers chrétiens et les couvents. — Il est même des socialistes, chose fort étrange ! qui vont chercher des modèles dans les premiers jours du christianisme, chez les pieux disciples de la Loi nouvelle, qui vendaient leurs biens, en apportaient le prix aux pieds des apôtres et mettaient tout en commun. D'autres appuient leurs déclamations contre la propriété de l'exemple des ordres monastiques où les moines vivent sous le régime de la parfaite égalité. Comme s'il pouvait y avoir quelque chose de semblable entre les chrétientés naissantes et les couvents d'une part, et, de l'autre, l'état que nous préparent nos bons socialistes ! — Ici, je vois la charité poussée jusqu'à des limites qui peuvent convenir à une communauté restreinte, qui ne sauraient être la règle d'une société développée, comme les faits l'ont toujours prouvé ; je vois des prodiges de dévoûment, je vois l'amour du prochain fortement appuyé sur le sacrifice et l'immolation de soi-même ; je vois le travail fécond de ces moines qui défrichent la terre, fondent des hôpitaux pour y recueillir les orphelins et les vieillards, civilisent les sauvages, répandent, en un mot, une somme incalculable de bienfaits sur les pays d'alentour, et, tout en priant, s'oublient dans leurs intérêts personnels pour se donner aux autres, sans limite. — Et là, je n'aperçois que la haine farouche contre toute société, la jalousie profonde d'hommes envers d'autres hommes, l'égoïsme sans mesure de l'individu, une ruée formidable vers le plaisir, saisi par n'importe quels moyens possibles. — L'Église a-t-elle donc jamais prêché de quelque manière la guerre à la propriété pour lui faire cette injure gratuite et grossière de vouloir chercher dans son histoire de quoi étayer quelques-uns des plus dangereux articles collectivistes ? Non, et ce qui le prouve, outre beaucoup d'autres points, c'est la haine implacables que lui ont toujours vouée les socialistes : si elle favorisait leurs théories, ils ne la détesteraient pas aussi violemment.

Bref, Messieurs, à part quelques autres tentatives de sectes hérétiques au Moyen Age, comme les Manichéens, les Albigeois, les Vaudois, les Anabaptistes, — sectes contre lesquelles tous les pouvoirs civils et religieux furent bien obligés de se liguer pour que la société ne croulât point sous leurs coups, — il n'y eut, pendant de longs siècles, que des ébauches rares, informes et toujours malheureuses de socialisme.

Le socialisme et la Révolution. — C'est de la Révolution, de l'état politique, économique et social créé par la Révolution, que date vraiment le berceau du collectivisme moderne. J.-J. Rousseau, vers le milieu du XVIIIe siècle, par son fameux livre du « Contrat social », avait jeté, le premier, en circulation dans la foule, les idées de souveraineté absolue du peuple, de haine profonde contre la société existante, d'union socialiste d'où sortirait le bonheur universel. Ce furent là des semences fécondes qui germèrent trente ans après, vous le savez, à la grande Révolution, en fruits sanglants d'anarchie, d'assassinats, d'abominations telles que l'histoire n'en a peut-être jamais connu de pareilles. Rousseau avait donné la théorie ; Robespierre se chargea de donner la pratique.

Mais, chose digne de remarque, et peut-être pas assez mise en relief par les historiens, des deux idées fondamentales du « Contrat social », la souveraineté du peuple et la suppression, ou du moins la limitation de la propriété, les Jacobins gouvernementaux d'alors ne gardèrent que la première, la souveraineté du peuple, celle qui les avait hissés jusqu'au pouvoir. Quant à la propriété, la légitimité en est expressément reconnue dans la célèbre déclaration des « Droits de l'homme » ; et lorsque, en 1792, le Girondin Rabaut proposa, comme remède à l'inégalité sociale, le partage de tous les biens, avec défense de posséder au delà d'un maximum fixé par l'Etat, la Convention défendit, sous peine de mort, même de proposer ce partage à l'avenir. Songez donc ! c'était le moment où elle vendait les biens des émigrés et des églises ; elle ne voulait pas d'une théorie qui pouvait éloigner les acquéreurs et faire cesser le monstrueux régime de corruption et de pots-de-vin, que Taine a si magistralement stigmatisés dans son Histoire de la Révolution. Plus tard, sous le Directoire, qui ne valut guère mieux que la Convention, un certain Babœuf eut encore la naïveté de proposer la mise en commun de toutes les propriétés : il fut, pour sa récompense, envoyé à l'échafaud !

Ce n'est donc pas des exemples fournis par la Révolution, mais des idées et des bouleversements révolutionnaires qu'est sortie l'idée socialiste. Sous l'ancien régime, qui comptait tant d'institutions belles et salutaires à qui veut les étudier impartialement, la question sociale n'existait pas. Les admirables corporations d'ouvriers, ces abris séculaires des travailleurs, corporations qui ont bâti nos vieilles cathédrales et les superbes châteaux historiques, objets d'admiration et d'envie pour les étrangers, où se trouvaient réunis tous les artisans d'une même industrie, d'un même métier, les corporations suffisaient à la résoudre.

Par elles, le salaire convenable était assuré, et assuré aussi l'entretien de leurs membres dans les maladies, dans la vieillesse et dans les accidents. Malgré tous les prétendus progrès sociaux et autres, les corporations et les immenses bienfaits dont elles enveloppaient le monde des travailleurs n'ont jamais été remplacés.

La Révolution, en les brisant avec sa haine systématique et furieuse contre toutes les institutions du passé, a laissé l'ouvrier isolé et réduit à ses propres forces ; elle a fait, selon le mot connu, de la « poussière de citoyens » ; et comme elle lui avait donné, à cet ouvrier, l'égalité des droits civils et politiques, il rêva aussi la chimère de l'égalité sociale. — Les progrès de l'industrie, les transformations matérielles vraiment prodigieuses opérées par les inventions modernes et par le machinisme, la création de vastes usines, la concurrence acharnée entre les centres de production, amenèrent les grandes agglomérations d'ouvriers, et transformèrent du tout au tout les conditions de leur vie. — Les salaires devinrent sans doute plus abondants, mais la vie aussi devint plus chère, et les chômages dissipèrent souvent les économies que l'artisan laborieux avait pu réaliser. En outre, le nouveau régime favorisa, il faut bien le dire, les causes fondamentales de la misère des ouvriers ; il favorisa chez eux l'irréligion, l'immoralité, l'imprévoyance ; et il favorisa, chez le capitaliste, la tentation d'abuser du travail humain, tentation à laquelle il succomba plus d'une fois.

De tous ces motifs résultèrent, dans l'armée du prolétariat, un malaise, un mécontentement, un esprit de révolte, que les meneurs n'eurent pas de peine à exploiter.

Messieurs, il n'entre point dans notre programme d'étudier les divers systèmes communistes et socialistes qui se succédèrent depuis les théories de Babœuf jusqu'à celles de Proudhon. Le souvenir encore trop vif des effroyables tueries de la Révolution, le bon sens du peuple, l'énergie des gouvernements empêchèrent l'influence socialiste de trop grandir. — C'était pourtant comme une sorte de rivière souterraine qui sourdissait de temps à autre et devait finir par couler au grand jour et à pleins bords. C'est à partir de la Révolution de Juillet, en 1830, que ces idées, longtemps assoupies, se réveillèrent avec force. Elles engendrèrent le communisme de Charles Fourier, de Proudhon, de Cabet, de Louis Blanc, pour ne nommer que les principaux ; communisme qui aboutit aux sanglantes journées de Juin, en 1848, dont je vous reparlerai, aux soulèvements partiels des contrées du centre et du Midi, avec les accompagnements habituels de pillages, d'incendies, d'assassinats, bientôt suivis d'une violente réaction.

Karl Marx et le socialisme. — Mais le grand et véritable organisateur du socialisme actuel, celui dont des centaines de mille d'ouvriers saluent aujourd'hui le nom, étudient et connaissent la doctrine, c'est l'Allemand Karl Marx. — Né à Trèves, en 1818, de parents juifs convertis au protestantisme, Marx étudia le droit avec succès, et paraissait destiné à une brillante carrière administrative ; il préféra se vouer à l'économie politique, à la question sociale, à la révolution. Il embrassa la cause du prolétariat ouvrier, parce qu'il voyait dans ce prolétariat l'armée dont son sytème avait besoin. Successivement expulsé de l'Allemagne, de la France, de la Belgique, il s'établit enfin à Londres d'où il dirigea jusqu'à sa mort le mouvement collectiviste. En 1864, il publia le premier volume de son fameux livre « **Le Capital** », qui est un réquisitoire implacable contre la production capitaliste, et qui forme comme le bréviaire du socialiste moderne, bien que faiblement compris par les profanes. Intelligence puissante, observateur sagace, organisateur habile, Marx sut exercer sur son parti un grand ascendant. Sa ténacité était celle du révolutionnaire pénétré d'une jalousie sombre contre la société actuelle. Il mourut à Londres, le 14 mars 1885, à l'âge de soixante-cinq ans. Je vous dirai, dans l'exposé de la doctrine socialiste, l'idée fondamentale de son livre.

Bakounine et l'anarchisme. — Tandis que Marx et les collectivistes, pour le nivellement des classes de la société, s'en tiennent à des moyens autant que possible légaux, comme la conquête du pouvoir par le suffrage universel, le concours des grèves, de la grève générale surtout, des insurrections populaires et de la mobilisation des syndicats rouges, un autre meneur, un Russe, le trop célèbre Bakounine que les anarchistes regardent comme leur ancêtre, prêchait un moyen plus radical : la destruction de tout ou le nihilisme. — Michel Bakounine était né en 1814. Un insuccès au sortir de l'école d'artillerie de Saint-Pétersbourg fit de lui un mécontent. La lecture de Proudhon acheva ce que le dépit avait commencé. Il devint un révolutionnaire forcené. Ses menées anarchiques le firent condamner à mort en Saxe et en Autriche. La Russie le réclama, et l'empereur Nicolas l'exila en Sibérie. Bakounine parvient à s'échapper ; il passe à l'étranger, au Japon, en Amérique, en Italie et enfin à Londres en 1861. C'est là qu'il publia son « **Catéchisme révolutionnaire** » dont je me permets, à titre curieux et instructif, de vous citer quelques extraits :

« Le révolutionnaire est revêtu d'un caractère sacré il n'a « rien qui lui soit personnel, ni un intérêt, ni un sentiment, « ni une propriété, ni même un nom.

« Tout en lui est absorbé par un objet unique, par une « pensée unique, par une passion unique : la révolution.

« Il a rompu absolument au plus profond de son être, avec « tout l'ordre civil actuel, avec les lois, les usages, la morale. « Il en est l'adversaire impitoyable ; il ne vit que pour les « détruire... Il ne connaît bien qu'une seule science : la **des-« truction**. Il étudie la mécanique, la physique, la chimie « et peut-être la médecine, mais ce n'est que dans le but de « détruire !... Il méprise l'opinion publique. Il a le même « mépris et la même haine pour la morale actuelle, dans tou-« tes ses manifestations. Pour lui, tout ce qui favorise le « triomphe de la révolution est honnête, tout ce qui entrave « ce triomphe est immoral et criminel.

« Camarades, ajoute Bakounine, bronzez vos cœurs !...

« Faites sauter les églises, les couvents, les casernes, les pri-« sons, les préfectures, les mairies... Au feu les paperasses « administratives, les titres de propriétés, de rentes, d'obli-« gations. Au feu le grand livre de la dette publique, les livres « des banques et des maisons de commerce !...

« Une fois le moule de la vieille société brisé, il faudra s'oc-« cuper du rétablissement de la production sur des bases tout « à fait libertaires. Alors, nous verrons l'humanité, maîtresse « de ses destinées, libre enfin du joug des dieux et des maî-« tres qui l'ont toujours immolée sur leurs autels et leurs « comptoirs ! » — Ne croyez pas, Messieurs, que ces paroles qui paraissent être celles d'un fou furieux, soient demeurées stériles et sans effets. Le mal opéré par l'auteur du « Catéchisme révolutionnaire » fut immense. Les ignobles massacres et les stupides incendies perpétrés par les communards à Paris en 1871, massacres et incendies d'autant plus hideux qu'ils étaient faits sous l'œil narquois des Prussiens, les multiples attentats nihilistes en Russie, les bombes de Barcelone en Espagne, les crimes de Ravachol en France, l'assassinat du président Carnot, la mort tragique de la pauvre impératrice d'Autriche à Genève, celle du roi d'Italie Humbert Ier à Monza, et tant d'autres forfaits, furent les conséquences directes des leçons de Bakounine. Celui-ci passa les dernières années de sa vie en Suisse, dans une tranquille villa ; il y mourut en 1876, ayant pu savourer à l'aise le fruit maudit de sa propagande révolutionnaire. Et son œuvre, Messieurs, n'est point morte avec lui ; de temps à autre encore un coup de poignard est porté, une bombe éclate, et des victimes de plus ou moins haut rang tombent mutilées. Alors, les peuples civilisés s'émeuvent et s'épouvantent ; les gouvernements, sous la poussée de l'opinion, votent des lois énergiques de répression, ne voulant point savoir qu'on ne se prémunit pas contre de pareils crimes seulement avec quelques articles du Code en plus. Ensuite, le calme se fait à nouveau et vite, les lois sommeillent, le bon public reprend sa quiétude habituelle... jusqu'au prochain coup de tonnerre !

Collectivistes et anarchistes. — On peut dire, Messieurs, que de ces deux courants, — et voilà pourquoi je m'y suis arrêté un moment, — collectivisme avec Karl Marx, anarchisme avec Bakounine, sont nées toutes les opinions socialistes de notre époque, opinions qui furent, sont encore nombreuses et pas précisément toujours d'accord ni amies entre elles !

Les uns avec Blanqui, lequel fonda en 1880 le fameux journal « Ni Dieu ni maître », avec Vaillant, avec Allemane, aujourd'hui tous deux députés, en sont pour la manière violente : « L'émancipation des travailleurs ne peut être l'œuvre que des travailleurs eux-mêmes », telle est leur devise. Ils prêchent surtout, comme moyens de combat, la lutte des classes et la grève générale « cette redoutable guerre des bras croisés », selon le mot d'Allemane. Ils sont plutôt antiparlementaires et ne voient dans la députation qu'un moyen de propagande exceptionnel. Leur but, surtout pour les allemanistes, est de faire jaillir la société nouvelle d'un cataclysme qui ensevelira le vieux monde.

Les autres avec Brousse, Lafargue, gendre de Karl Marx, Jules Guesde et Jaurès, pour ne citer que les chefs, s'efforcent d'obtenir le collectivisme et l'égalisation des biens par des moyens autant que possible légaux et par la conquête du pouvoir. Ils sont aujourd'hui, chez nous, de beaucoup les plus nombreux du parti socialiste et les plus dangereux ; c'est de ceux-là que nous devons exposer et réfuter la doctrine.

Ces deux partis se sont maintes fois anathématisés entre eux. — Guesde a répété souvent que le premier acte des collectivistes au pouvoir serait de passer par les armes leurs coreligionnaires allemanistes. — Allemane a simplement répondu qu'il ferait un jour pendre Guesde à sa lanterne ! — Il y eut, Messieurs, de ces guerres intestines, autrefois, à la grande Révolution, entre montagnards et girondins ; elles finirent, vous le savez, par une multitude de têtes coupées ; cela promet à la guillotine de la besogne pressée, pour le jour où l'un des deux partis sera notre maître ! Vous savez aussi que chaque congrès socialiste annuel dégénère presque toujours en pétaudière où les coups deviennent vite les plus forts arguments ; c'est leur première manière, à ces gens-là, de comprendre la fraternité !

Le parti socialiste unifié. Les indépendants. — Toutefois il paraît que, la crainte de l'électeur étant pour eux comme pour beaucoup d'autres, le commencement de la sagesse, et vu que les élections approchent, Allemane et Jaurès, anarchistes et possibilistes, se sont donné le baiser Lamourette au dernier congrès de Châlons. Ils ont formé « **le parti socialiste unifié** », adressé force blâmes et malédictions contre les dissidents, et résolu, en soutenant avec vigueur leur programme, de présenter partout des candidats nettement collectivistes.

Avant de vous l'exposer, ce programme collectiviste, permettez-moi, Messieurs, une digression rapide sur une classe de socialistes qu'on nomme aujourd'hui « les indépendants » et qui, naguère, s'intitulaient assez pompeusement : « socialistes-parlementaires ». — Lorsque MM. Baudin et Millerand consentirent à faire parti du célèbre ministère Waldeck-Rousseau, Guesde leur reprocha amèrement de ne pas l'avoir consulté au préalable sur leur entrée dans un ministère bourgeois. Certes, il en était pour la conquête des pouvoirs publics ! il y a près de quarante ans qu'il la préconise ; mais ce n'était pas seulement pour les amis. Comment à lui, Guesde, n'avait-on pas songé ? Et, dès le lendemain, le pontife du collectivisme fulminait contre ses disciples devenus ministres une véritable bulle d'excommunication. C'est que, Messieurs, le parti collectiviste a ses faiblesses au moins autant que tout vulgaire parti politique ; pour être socialiste du meilleur cru, aux principes très souvent proclamés intangibles et intransigeants, l'on n'en reste pas moins homme, soumis comme un simple bourgeois à la tentation d'un bon portefeuille ministériel, d'une place bien rentée, par exemple à dix mille, vingt-cinq mille, et même cent cinquante mille francs d'appointements annuels, comme nous venons de le voir dans notre bonne ville de Lyon, avec tout ce que ladite place comporte de gloriole, de petits profits et le reste !

Aussi, ce socialisme ministériel devint à ce point modéré que les adhésions les plus inattendues lui parvinrent : deux grands industriels, MM. Menier et Dufayel, sans compter nombre de petits bourgeois et plusieurs juifs millionnaires, s'y rallièrent avec amour. Les vieux démocrates en frémissent encore d'indignation. C'est qu'il engageait à si peu de chose ! Entreprendre seulement les réformes jugées possibles par ces gros messieurs, et cela tout à la douce, sans agitation, sans grève générale surtout, sans dépossession d'aucune sorte; avec la perspective de pouvoir devenir plus que centenaire et n'être pourtant le témoin d'aucun bouleversement dangereux dans la société. Millerand lui-même n'a-t-il pas dit que l'évolution de l'état rêvé par eux ne serait « achevée que dans deux mille ans » ? Vous voyez qu'ils ont de la marge pour ne pas trop s'inquiéter de l'avenir. Ils ont même découvert des réformes que les ministres de Louis XVI se proposaient d'accomplir, si la Révolution leur en avait laissé le temps !

Les radicaux-socialistes. — Ce socialisme a donné naissance à une certaine catégorie de gens très curieuse à examiner, qu'on appelle d'un nom qui sonne bien, qui tient une large place quand il s'étale sur une affiche électorale fortement colorée, celui de *radical-socialiste.* Etudiez, Messieurs, d'un peu près, les radicaux-socialistes; vous apercevrez vite qu'ils sont radicaux surtout pour rester ministrables et conserver leurs écus, et socialistes, oh ! uniquement pour être élus. Ils n'ont aucun programme nettement déterminé, afin de pouvoir mieux les embrasser tous, selon les circonstances. Disons pourtant qu'il existe un article sur lequel tous, sans exception, se montrent d'accord et irréductibles : celui d'être, en leur qualité de francs-maçons authentiques, de robustes mangeurs de curés, au moins tant que les curés ne se défendront pas. — Avec cela, le titre de franc-maçon leur donne un bien singulier privilège : ils peuvent, une fois consacrés chevaliers de la truelle et du triangle, occuper du jour au lendemain n'importe quelle fonction, remplir n'importe quel ministère. Chez les nations voisines, on choisit toujours des hommes éminents et des spécialistes pour s'occuper, par exemple, des affaires étrangères, de l'armée, de la marine. Cela se comprend ; un forgeron qui n'est que forgeron fera de la mauvaise besogne à tisser des rubans, un peintre à fabriquer des charrues. Chez nos radicaux-socialistes, l'appétit remplaçant toutes les aptitudes, c'est un chassé-croisé parfois très drôle dans la poursuite des portefeuilles. Ainsi, nous avons pu voir comme ministre de la marine un vaudevilliste, puis un démagogue plus ou moins hirsute et déséquilibré, et naguère, l'on parlait sérieusement pour ce poste important d'un médecin aliéniste ! A la guerre, après un maniaque incohérent, délégué très officiel des Loges, qui inaugura, pour les besoins de la cause, le fameux règne des mouchards, ç'a été un politicien socialiste agent de change; et le reste est à l'avenant. Vous savez, Messieurs, que je n'exagère rien, et ne vous esquisse qu'un simple chapitre d'histoire contemporaine. Vraiment, sans parler d'assiette au beurre qu'on fait circuler entre amis, comme le disent quelques journaux d'opposition, — je vous laisse à juger s'ils ont tort ou raison, — ne trouvez-vous pas que, devant un pareil spectacle, l'on songe involontairement à ces théâtres de foire où Polichinelle revêt tour à tour l'habit du voleur, du gendarme, du notaire, du juge de paix et même du curé, et se reconnaît lui-même très capable dans chacune de ses fonctions ?

Il est vrai que cette justice immanente des choses, dont parlait Gambetta, commence à peser lourdement sur leurs épaules : les ouvriers, les prolétaires qu'ils ont si souvent bernés de fallacieuses paroles, les quittent un peu partout aujourd'hui avec dégoût et mépris, se retournent même contre eux, et dans beaucoup de circonscriptions, menacent très sérieusement leur réélection. Quelle situation douloureuse, Messieurs ! N'avoir existé politiquement, — et pour eux, c'est presque toute l'existence, — que grâce au concours de gens qui veulent maintenant vous dévorer économiquement ! Mais aussi, au lieu de radicaux-socialistes, n'eût-il pas été plus simple et plus clair de s'intituler tout bonnement, ce qu'ils sont en réalité : *radicaux-fumistes ?*

Doctrine du Socialisme

La vraie doctrine socialiste. — Nous arrivons donc, Messieurs, à l'exposé de la doctrine socialiste. Ici, une remarque très importante s'impose au préalable. Lorsque les courtiers du parti, en temps d'élection, s'en vont répandre parmi le peuple la semence de leurs idées, ils ont bien soin de varier très savamment la dose, suivant l'auditoire qui se trouve en face d'eux. Tout autre, par exemple, est leur langage dans une réunion d'ouvriers de syndicat rouge, autres leurs explications devant une assemblée d'honnêtes paysans; il faut exciter les uns et ne pas effaroucher les autres. Car, à leurs yeux, quelques mensonges, quelques hypocrisies de plus ou de moins ne comptent absolument pour rien, si le clan doit en bénéficier. C'est ainsi que plusieurs d'entre eux, dans leurs tournées électorales, se contentent prudemment d'exposer leurs opinions affirmatives sur la nécessité des retraites ouvrières, de l'impôt sur le revenu, du scrutin de liste avec représentation proportionnelle, de la journée de huit heures (1), etc., toutes choses que beaucoup peuvent admet-

---

(1) L'un de mes auditeurs m'a demandé, par lettre, mon avis sur la journée de huit heures et sur ce mouvement (on devrait dire ce chantage) que la Confédération générale du travail est en train d'organiser dans toutes les villes pour mettre, le 1er mai 1906, tous les industriels en demeure de choisir entre la journée de huit heures ou la grève générale. Je répondrai simplement par ces quelques remarques, bien nettes, dont pourront profiter tous mes lecteurs : 1° MM. les socialistes veulent être payés autant pour huit heures que pour dix heures de labeur : feront-ils le même travail en huit heures qu'en dix heures? Impossible,

tre sans être pour cela aucunement socialistes. D'autres, dans leurs journaux, paraissent ne s'attaquer qu'à la grande industrie et aux immenses fortunes. Or, la plupart de ces... farceurs inconséquents étaient présents au congrès de Marseille en 1892, congrès où Lafargue affirma, avec l'unanime approbation de tous, que le socialisme, comme tel, supprime toute propriété privée. Du reste, le chef reconnu du parti, Jean Jaurès, vient de faire, dans une réunion d'antimilitaristes à Paris, la textuelle déclaration qui suit : « Notre but, « c'est l'expropriation intégrale, car l'esclavage subsistera « tant que la collectivité n'aura pas mis la main sur toutes « les propriétés partielles... unissons nos forces de toutes « sortes pour le maximum de révolution ». C'est net et concluant. Il importe donc, afin de démasquer au besoin leur fourberie, d'exposer et de connaître la vraie doctrine socialiste, celle qui se trouve consignée dans les livres de leurs fondateurs, dans leurs codes et statuts authentiques, celle que le parti unifié s'est résolu, au congrès de Chalons, de propager partout. Pour être aussi clairs et complets que possible, examinons ce qu'ils pensent sur la propriété, — sur l'état, — sur la famille, — sur la patrie, — sur la religion.

Le socialisme et la propriété. — Le socialisme d'aujourd'hui, Messieurs, ne conteste généralement pas la nécessité de la propriété. Il reconnaît avec nous qu'elle résulte de notre besoin, de notre devoir de vivre et de nous développer conformément à notre fin. Mais il prétend que la propriété collective suffit à atteindre ce but, et par suite,

---

évidemment, et là où l'essai en a été fait, les résultats se sont montrés lamentables, comme par exemple dans nos chantiers maritimes ; — 2° Nos bons paysans de France peuvent-ils l'avoir, eux, la journée de huit heures? Leur travail est pourtant souvent plus pénible, leurs profits moindres que ceux des ouvriers; — 3° Il n'existe pas, dans l'Europe entière, un seul pays où la journée de travail soit législativement aussi courte qu'en France. Tandis que nous vivons sous le régime de la journée de dix heures, l'Allemagne, l'Autriche, la Suisse pratiquent encore la journée de onze heures, la Belgique et l'Italie celle de douze. Et il ne semble pas du tout que ces nations concurrentes se décident à nous imiter. Aussi, même aujourd'hui, la production nationale est inférieure à la production de tous les Etats voisins. Dans la situation actuelle, vouloir imposer la journée de huit heures, c'est donc commettre un vrai crime économique, c'est vouloir la ruine industrielle et commerciale de la France. Il est vrai que, de la France, ils « s'en f.....t », comme a dit l'un d'eux.

qu'elle seule est de droit naturel; d'où le nom même de « collectivisme ». La nature, disent les socialistes, ne fait pas de propriétaire; à l'origine, tout est indistinctement à tous. Ce n'est pas écrit sur le sol que ce champ doive appartenir à mon voisin plutôt qu'à moi. Le premier qui s'avisa de dire : « Ceci est mien » fut un voleur, car il priva tous les autres d'un droit sur ce même terrain, qu'ils avaient égal au sien. La propriété privée est donc d'origine humaine et positive; elle est l'œuvre des législateurs. Or, concluent-ils, ce que la société a fait, elle peut le défaire, en décrétant l'abolition de la propriété privée et le retour au régime de la communauté. Bien plus, elle le doit, car la propriété privée, loin d'avoir aucun titre légitime à faire valoir, repose sur le vol, — c'est le mot de Proudhon ; — un vol d'autant plus grave qu'il est commis au préjudice de l'humanité entière. « Citoyens dépravés, s'écrie un socialiste de marque, Brissot de Warville, vous avez acheté, payé, dites-vous, vos propriétés; malheureux! qui donc avait le droit de vous les vendre ? Elles ne sont ni à vous, ni à vos vendeurs. » Comment mettre fin aux inégalités et aux injustices qui résultent de l'état de chose actuel et rentrer dans l'ordre voulu par la nature ?— Ici, les socialistes se divisent. Les uns réclament le partage égal et absolu de tous les biens, sous prétexte que les hommes étant égaux, ils ont nécessairement les mêmes droits. Tel est le communisme, un peu bien vieilli et démodé, de Babœuf et de Fourier. Le collectivisme contemporain, comprenant l'impossibilité d'un pareil partage, veut que tous les biens fassent retour à l'Etat, lequel demeurera seul propriétaire, à charge de fournir à chacun ce qui lui est nécessaire. Les individus seront tous les ouvriers de l'Etat qui distribuera lui-même à chacun, par des fonctionnaires élus au suffrage universel, sa tâche et son labeur. Un bon distribué à tous attestera que le travail a été accompli. Ce bon servira de monnaie, et pourra s'échanger contre les divers objets dont l'individu et la famille auront besoin. Une première part des bénéfices et du travail national sera prélevée pour étendre la production, entretenir et réparer l'outillage commun. Une seconde pour établir et conserver les établissements publics d'éducation, de santé et de divertissements. Ce sera le règne de la parfaite justice, car, selon eux, outre le régime complètement illégitime de la propriété privée, il résulte de la société capitaliste, telle que nous la voyons fonctionner aujourd'hui, un état permanent d'arbitraire auquel l'Etat socialiste seul peut remédier, et que Marx dans son livre « Le Capital » a signalé tout le premier. Ici, Messieurs, comme dans toute cette étude, si je vous énonce quelques considérations un peu abstraites et philosophiques, ne croyez pas qu'elles soient superflues ; les ouvriers eux-mêmes discutent souvent et avec passion sur les idées que j'ai l'honneur d'exprimer devant vous.

Idée fondamentale de Karl Marx. — Donc, Marx admet comme base de son système que le travail seul est la source de la valeur d'un objet (1). Ainsi, un ouvrier charron met cinq jours à fabriquer une roue de voiture, un artiste peintre en met autant pour dessiner une superbe aquarelle, un musicien de grand talent à composer une cantate. D'après Marx et les collectivistes, roue de voiture, aquarelle et cantate doivent avoir exactement la même valeur d'échange. Or, continue Marx, celui qui ne possède pas, le travailleur, est réduit pour vivre, à échanger ou à vendre son travail comme une marchandise. Le capitaliste, quel qu'il soit, achète ce travail pour « l'exploiter », car jamais il n'en paye l'équivalent exact. En effet, dit-il, d'après les lois qui règlent actuellement les rapports économiques, la journée d'un salarié, pour le faire vivre convenablement lui et sa famille, doit avoir une valeur d'échange équivalente à une moyenne générale de 4 francs. C'est à peine même si les salaires atteignent aujourd'hui ce chiffre dans leur ensemble. Et pourtant, six heures de travail suffisent, assure Marx, à gagner ces 4 francs: et il appuie son affirmation sur des calculs assez compliqués qu'il serait trop long et du reste inutile de vous détailler dans cette conférence. Mais au lieu de travailler seulement

---

(1) Il faut bien reconnaître que de plus en plus le travail, quelle qu'en soit la nature, tendra à devenir l'unique source de revenus : 1° à cause de l'augmentation progressive de tout salaire, qui va s'accentuant; 2° à cause de la cherté de la vie, qui en découle; 3° à cause surtout du morcellement des fortunes, par l'égal partage entre tous les membres de la famille. Mais cette constatation ne fortifie absolument en rien le système de Marx, et n'a aucun rapport avec lui.

six heures, le salarié est employé pendant huit, dix et même douze heures. Le capitaliste, en plus du résultat des six heures de travail qu'il paye par le salaire donné, prélève donc, uniquement à son profit, deux, quatre et même six heures de labeur sur la journée de l'ouvrier. La valeur d'échange du travail ainsi prélevé est un bénéfice net qui vient s'ajouter au capital. Il sert à son tour, et dans les mêmes conditions injustes, à payer d'autre travail pour produire de nouveau une augmentation proportionnelle de capital. Celui-ci, qui, comme capital, n'a droit à rien, — puisque seul le travail vaut un prix réel, — enfle sans cesse dans une proportion régulière et finit par tout absorber. La société se partage de la sorte en deux camps : celui des exploiteurs et celui des exploités ; « le travail qui crée la valeur a toujours les mains vides, tandis que les capitalistes qui ne font rien entassent trésor sur trésor ». Le système de la propriété collective par l'état, mettra fin à cet odieux assemblage d'injustices. Déduction faite des frais généraux d'entretien de l'Etat socialiste, le produit intégral du travail sera partagé entre tous les travailleurs. Voilà, Messieurs, exposé dans son essence même, et aussi rigoureusement que possible, la théorie fondamentale du socialisme sur la propriété.

Le socialisme et l'Etat. — Pour l'Etat lui-même, l'idée qu'il s'en fait se déduit logiquement des principes déjà énoncés. Le socialisme condamne tout Etat actuel quelle que soit sa constitution, monarchie ou république, vu qu'il y attache invariablement une idée d'exploitation du peuple par les capitalistes. « Il ne faut ni prince, ni gouvernement, ni souverain dans le monde qui commence et qui marque la dernière évolution politique et sociale de l'humanité », a dit Proudhon. Une fois que les classes ouvrières seront arrivées à la conquête du pouvoir, elles transformeront elles-mêmes la nation en une association socialiste et économique se suffisant à elle seule dans les choses essentielles. Sur ce point, pas de règles bien déterminées. On a le temps d'y songer ; le bon sens des travailleurs arrangera chaque chose pour le mieux. En tout cas, point de gouvernement proprement dit, ni de ministres, mais des délégués nommés au suffrage universel. Pas d'armées permanentes ; de simples milices nationales, du reste parfaitement inutiles, car tous les socialistes, les Français j'entends, sont partisans de l'internationale. Pas de tribunaux : tout le monde sera bien sage, et l'on n'aura plus à craindre ni pour ses biens, puisque tout sera en commun, ni pour sa vie, vu que la fraternité universelle régnera, et que les inégalités de fortunes ne fourniront plus aucun prétexte au crime. « Dans cette société transformée par l'amélioration générale de l'état économique, dit encore Proudhon, il n'y a plus ni fort, ni faible, ni vol, ni crime, ni guerre, ni répression ; il n'y a que des travailleurs. La société n'est pas la ruche où chaque abeille fait son travail sous le regard d'une souveraine : c'est la machine dans laquelle chaque citoyen remplit l'office de broche et concourt à l'effet productif final. »

Pour nous faire comprendre combien grande et suave sera la liberté sous ce régime nouveau, un autre socialiste d'importance, Kaustky, a trouvé un terme de comparaison dans l'histoire de l'humanité, — cet idéal du pur démocrate ; — c'est, — qui l'eût soupçonné ? — l'antique aristocratie d'Athènes qui se livrait à la joie, à la science et aux arts, et abandonnait le travail aux esclaves. Dans l'Etat socialiste, les esclaves seront remplacés par les machines, et les hommes, libres de travail trop dur, auront tous la liberté de se livrer aux plus nobles jouissances !

Le socialisme et la famille. — De même, Messieurs, que le socialisme n'a pas de théories bien nettement déterminées encore sur la marche des rouages dans l'Etat futur, il n'en a guère, non plus, sur la famille, ou plutôt ses adeptes n'osent pas souvent avouer ce qu'elle deviendrait dans la société préparée par eux. Mais les politiciens habiles parleurs ont beau nous vanter la puissance souveraine de leur fraternité, pour faire de tous une seule et grande famille, nous sommes en droit de leur demander, s'il vous plaît, un peu plus de lumière, de précision, et de déduire nous-mêmes les conséquences fatales de leur système. J'entends souvent les socialistes parler des droits de l'individu ; et les droits de la famille que veulent-ils donc en faire ?

D'abord, le socialiste nie toute possibilité d'héritage se rapportant aux moyens du travail. Cela est évident puisque personne ne possédera rien en propre ; et voilà disparu l'un des plus puissants stimulants d'épargne pour l'honnête père de famille, qui désire transmettre à ses enfants le fruit de ses labeurs. En second lieu, c'est, bien entendu, l'Etat seul qui se chargera de l'éducation complète de tous les enfants ; ce sont encore les délégués de l'Etat qui imposeront, sans consulter les parents ni les goûts de l'enfant, la part de travail que la collectivité aura déterminée. La seule discussion qui existe encore entre eux est de savoir à quel âge cet enfant pourra être enlevé à sa mère. Bebel, dans son livre sur « la femme » veut que ce soit le plus tôt possible. Car ils sont tous, tous partisans de cette infernale théorie que l'enfant appartient à l'Etat plus qu'à sa famille, que l'Etat a le droit de l'élever comme il l'entend, même contre la volonté bien manifestée des parents, en un mot, le droit de le prendre, un peu comme on prend à l'animal ses petits, sans lui en demander la permission ! Et puis, cet enfant, le père et la mère étant employés administrativement à une besogne étrangère, s'il est malade, s'il naît faible ou débile, sera parqué dans un hospice quelconque où des mains indifférentes le soigneront, sous le nom de « *N° un tel* ». L'enfant, c'est l'Etat qui se chargera de le vêtir, de le nourrir ou de l'amuser en échange du travail qu'il pourra fournir à la masse commune. Cela est encore énoncé en détail dans le livre de Bebel.

Avec le socialisme donc, pas de maison familiale. La collectivité prévoyante fournira à chaque individu, homme ou femme, une case plus ou moins à son goût, que lui attribueront les surprises du sort. On mangera aux cantines nationales, sortes de fourneaux publics où l'on trouvera, aux heures réglementaires, une pitance dosée suivant l'égalité, sans tenir compte de la santé ou de l'appétit de chacun, et qu'on absorbera dans un délai mesuré, en face de visages inconnus ou indifférents, au lieu des figures aimées qui entouraient la table de famille.

Surtout, Messieurs, ce qu'il faut dévoiler publiquement et crier bien haut, c'est le rôle que le collectivisme, aidé en cela comme en beaucoup d'autres points par la hideuse franc-maçonnerie, veut faire jouer à la mère de famille. La mère de famille, la vraie mère chrétienne, cette créature de bonté, d'énergie, d'abnégation, devant qui souvent on reste confondu d'admiration quand on pénètre sa vie, la mère chrétienne, cet ange du foyer domestique, qui peine tant parfois pour garder chaud et joyeux autour d'elle le cher petit monde, qui prodigue sans compter sa jeunesse, sa santé, sa vie, dont le cœur est si large qu'il trouve encore moyen d'accueillir avec respect, à la maison, les vieux chargés d'ans, et parfois l'orphelin de la voisine morte prématurément, la mère de famille dont le nom seul fait s'épanouir d'un sourire la physionomie de ceux qui l'ont encore, ou perler une larme de regret aux paupières de ceux qui l'ont perdue, le socialisme prétend, du tout au tout, changer sa céleste mission. Il veut la libérer, briser ses chaînes, lui donner « *l'émancipation intégrale* », comme les sincères du parti le clament dans leurs conciliabules ; il veut qu'elle puisse divorcer quand bon lui semble pour l'union libre, quitter le foyer à son gré, ne consulter que son plaisir personnel « disposer d'elle tout aussi bien que l'homme », selon l'expression même de Bebel, en un mot, devenir un je ne sais quoi, moitié odieux, moitié pitoyable, tant il est vrai que ces gens-là, dans leur haine aveugle et sauvage, ne savent que flétrir ce qu'ils touchent de plus sacré !

Le socialisme et la patrie. — La patrie n'est pas mieux traitée que la famille dans le système collectiviste. Toutes les Bourses du travail, presque tous les Syndicats rouges qui pourtant, d'après l'article second de la loi du 21 mars 1884, « ont exclusivement pour objet l'étude et la défense des intérêts économiques », sont devenus des foyers actifs d'internationalisme. Chaque congrès ouvrier se termine invariablement par le chant de l'Internationale où l'on déclare que les balles des soldats doivent être réservées pour les généraux, et l'églantine rouge, symbole d'antipatriotisme et d'anarchie, fleurit toutes les boutonnières. On y prêche là, pour le jour plus ou moins lointain d'une mobilisation, la grève des réservistes. L'an dernier, ils ont même essayé d'organiser en temps de paix la grève des conscrits. Peu leur importe les difficultés où se débat la France : « La France, a dit l'un d'eux, n'est pas pour nous une patrie à défendre, mais un pays à conquérir. » Un autre dénonce « la farce du patriotisme » ; « les conscrits, ajoute-t-il, ne revêtiront pas l'infâme livrée militaire ; ils ne se laisseront pas embrigader dans le troupeau de brutes, par les canailles galonnées, valets en livrée et gens infects ». Remarquez bien, Messieurs, que je *cite toujours textuellement*. Le mal s'est même déchaîné si violent, que le gouvernement a été dans l'obligation d'intervenir. Vous savez aussi ce qui vient de se passer à Brest : un ouvrier de l'arsenal avait insulté dans une réunion publique, en termes qui ne se répètent pas devant un auditoire à respecter, le préfet maritime, l'honorable amiral Pephau. Exclu de l'atelier pour un mois, voilà que tous les ouvriers socialistes de syndicats rouges des arsenaux de France, obéissant au doigt et à l'œil aux meneurs, prennent fait et cause pour le citoyen en question, et décrètent la grève générale s'il n'est pas réintégré dans ses fonctions, sous prétexte que les injures avaient été prononcées en dehors de l'enceinte et des heures de travail. Cette grève n'a échoué que devant l'énergie du ministre de la marine actuel. Comme si un patron, ignoblement et gratuitement insulté dans la rue par l'un de ses ouvriers, n'avait pas le droit de le mettre à la porte ! Et ce sont ces ouvriers-là, en immense majorité internationalistes (1), qui travaillent à notre défense nationale, ouvriers qui sont des privilégiés, qui ont la journée de huit heures, qui gagnent un salaire autrement rémunérateur que beaucoup de nos braves paysans de France, qui ont droit à une pension de retraite et sont payés par l'Etat, c'est-à-dire par nous, par tous les imposés ! N'est-ce pas profondément écœurant ?

Un socialiste, aujourd'hui tristement célèbre, Hervé, l'homme au « *drapeau dans le fumier* », a lumineusement exprimé, au nom de son parti, la vraie doctrine du collectivisme sur la patrie, en disant qu'il n'admet, en aucun cas, la guerre contre les envahisseurs. Il souhaite plutôt une invasion ; elle lui serait propice à la seule guerre qu'il veut préparer, « la seule qui puisse rapporter quelques profits et qui soit digne à notre époque d'hommes intelligents, la guerre civile et la révolution sociale. » Ce sont ses propres termes. Il ajoute : « Au cas où la guerre serait déclarée, les soldats de l'active devraient immédiatement rentrer chez eux. Les réservistes et territoriaux resteraient tranquillement au logis,

---

(1) Plusieurs ouvriers des arsenaux de Toulon viennent de former entre eux « l'Association antipatriotique » !

laissant les patriotes courir à la frontière. Lorsque ces derniers se seraient congrûment fait tuer, nous commencerions l'insurrection ! » Il se félicite des « magistrales raclées » que nous avons reçues en 1870, et plus loin nous trouvons de lui cette phrase par trop sacrilège : « Le général Duchesne n'a tué que ses soudards (il s'agit des sept mille hommes morts de fièvres et de privations sur la route, lors de la marche vers Tananarive, à Madagascar), pour qui je n'ai guère que la vague pitié que j'éprouve pour les escarpes et les cambrioleurs mourant dans l'exercice de leur profession ! » — Vous entendez, parents et amis des petits soldats morts là-bas, loin de vous, pour la patrie, comment ces gens-là les plaignent ?

Je sais bien qu'Hervé a été désapprouvé, après réflexion, par quelques gros bonnets du parti, inquiets des conséquences qu'un tel langage pouvait avoir au point de vue électoral, le seul qui les préoccupe ; il n'en est pas moins resté membre du comité directeur pour le parti socialiste unifié ; jamais il ne s'est vu désavoué par l'ensemble ; et combien sont-ils ceux qui protestent, en regard des milliers de collectivistes qui acclament Hervé ? A la juste condamnation qui vient d'atteindre, devant le jury de la Seine, les plus acharnés parmi ces antipatriotes furibonds, condamnation unanimement approuvée par ce qui reste encore d'honnête et de sain en France, vous avez pu voir les cris de fureur, les menaces de « guerre à mort », éclater avec une violence inouïe dans les journaux avancés et sincères du parti, alors que les prudents et aussi les hypocrites, n'osaient pas aller plus loin que proclamer un pareil verdict tout à fait exagéré et intempestif ; comme si le pays, dans une question vitale de ce genre, où il s'agit, non point de ce qu'ils appellent chauvinisme patriotique et intempérance guerrière — de cela, et d'une guerre injuste, nous n'en voulons pas plus qu'eux — mais d'exister ou de disparaître, mais de résister dans la vaillance pour la justice et pour l'honneur, ou de se laisser écraser sous la botte du plus fort, comme si, dis-je, le pays n'avait pas le droit et le devoir de se défendre en toute saison contre la folie dangereuse de l'antipatriotisme — lequel, au reste, n'est pas autre chose, à le considérer d'un peu près, que la théorie de l'égoïsme et de la lâcheté — et comme si l'on pouvait se garantir avec des ménagements et des caresses de l'attaque d'une vipère ou d'un fauve! — Non, Messieurs, entre le patriotisme et l'hervéisme, il ne peut exister aucun rapport de quantité, aucune différence de degré : il y a antinomie foncière et irréductible. Jaurès lui-même a nommé « imbécile et bas » le fait de préférer sa patrie aux autres patries. Le même Jaurès a déclaré « très intéressant » le manuel d'histoire d'Hervé dans lequel l'assassinat du président Carnot est simplement qualifié « d'acte d'impatience et de justice sociales ». Vous savez qu'à la fameuse séance du 15 décembre dernier, sous la cinglante et éloquente interrogation de M. Deschanel, si oui ou non, il désapprouvait les abominables doctrines du « Manuel du soldat », le leader socialiste est resté volontairement muet. Et naguère, le candidat que patronne le directeur de « l'Humanité » s'est avoué très haut à Reims, à quelques lieues de la frontière, prêt à dépouiller la nationalité française. « Pourquoi donc, s'est-il écrié, repousserions-nous le drapeau germanique, s'il doit nous apporter plus de bien-être ? Ce ne serait, après tout, qu'un changement de fonctionnaires. » Un tel langage, Messieurs, n'est-il pas bien suggestif touchant la mentalité du parti ? Socialisme et patriotisme sont entre eux comme les deux plateaux d'une balance : quand l'un s'élève, l'autre descend : c'est fatal.

Un jour, excusez ce petit souvenir personnel, j'ai entendu moi-même cette phrase d'un très chaud partisan de la sociale, phrase qui me semble parfaitement résumer l'idéal patriotique des collectivistes, et que je vous donne dans son éloquence primesautière : « Je m'en f.... d'être Français, Allemand ou Japonais, pourvu que je... « bouffe » bien » ! Mais vous connaissez aussi un certain animal de vos écuries qui s'en f... d'être Français, Allemand ou Japonais pourvu qu'il « bouffe » bien... dans son auge! — Messieurs, Talleyrand disait un jour : « Vous ne pouvez savoir jusqu'où des hommes peuvent descendre aux époques de décomposition. » Ne trouvez-vous pas, à l'audition de pareilles théories, que la décomposition est, chez nous, bien avancée ; et n'est-ce pas à des époques comme celle-là qu'on peut appliquer vraiment le fameux vers du poète :

L'histoire a pour égouts des temps comme les nôtres ?

Le socialisme et la religion. — Plus encore que la propriété, que l'ordre social, que la famille et que la patrie, la religion est en butte aux coups furieux des socialistes. Quelque séduisante, à première vue, que soit pour les deshérités de la fortune la théorie économique de Marx, elle aurait moins agité le monde, si elle n'avait pas sa base dans une erreur d'un ordre plus relevé : la conception absolument matérialiste de la vie. Tous les collectivistes, à peu près sans exception, nient Dieu, l'âme, la vie future et tout ordre surnaturel. La grande parole chrétienne : « L'homme ne vit pas seulement de pain » est un scandale pour le socialiste. Cette haine se manifeste contre toute religion : pas de dieu, n'importe lequel au-dessus du firmament, pas d'immortalité par delà le tombeau. Dans cette voie d'athéisme à outrance, ils dépassent, et de beaucoup, les pires Jacobins de la Révolution, car Marat, Robespierre et Danton avaient foi en « l'Etre suprême ». Il est même frappant, quand on étudie cette page sombre de notre histoire, de constater qu'en ces jours de colère sauvage, où le vertige du sang trouble l'esprit jusqu'à la folie, ces hommes sanguinaires aient reculé devant l'audace de se déclarer publiquement incrédules et de jeter à la divinité le défi de la négation. — Mais c'est surtout contre l'Eglise catholique que se produit, et d'une manière étrangement féroce, cette poussée de haine, chez les socialistes d'aujourd'hui. Dans tout le parti, pas une voix discordante ne s'élève ; c'est à qui se signalera par son animosité anticatholique. La rage contre l'Eglise fait corps avec le socialisme qui l'a portée dans le sang dès son origine ; et l'on n'a pas de sitôt trouvé le bienfaisant sérum qui guérira cette rage-là !

Marx appelait la religion « l'opium du peuple ». Bebel s'est écrié en plein Reischtag allemand : « Nous abandonnons le ciel aux anges et aux moineaux». Proudhon a blasphémé, avec une brutalité sans artifices, ce Dieu des chrétiens » qui commande l'amour et ne mérite que la haine ». Kautsky a dit que « l'arrêt de mort sera prononcé contre la religion, » le jour où ils seront les maîtres. Et aujourd'hui, surtout en France, la presse socialiste ne garde plus aucune mesure. Ici, il n'est pas question de débat historique, de discussion un peu rationnelle, de polémique loyale ; non : tout moyen d'attaquer l'Eglise, de la noircir, de la rendre odieuse, de la ridiculiser est regardé comme bon. On ne s'arrête ni devant les insinuations les plus perfides, ni devant les calomnies les plus grossières. Ce qui, à un titre ou à un autre, se dit organe socialiste : « Petite République », « Lanterne », « Action », « Aurore », « Voix du peuple », « Progrès », sans parler d'une infinité de brochures de combat, ne cesse de dévorer du clérical à « bouche que veux-tu ». Chacun s'efforce de l'emporter sur le compère dans cette charge à fond furibonde, où le plus souvent l'hypocrisie le dispute à la bêtise. Un grand journal de Lyon ne vient-il pas d'émettre l'avis que c'est le pape Pie X en personne qui a causé la defaite des Russes à Moukden, suscité l'affaire du Maroc et encouragé les menaces de l'Allemagne... pour se venger de la séparation ! — Tout de même, Messieurs, il faut être fortement convaincu de l'imbécillité de ses lecteurs pour oser imprimer des énormités de ce calibre ! — La passion aveugle à ce point qu'on ne respecte même pas les plus élémentaires convenances. On gouaille, par exemple, à propos de la visite aux cimetières faite le Jour des morts, de cet hommage pieux né de ce qu'il y a de plus tendre et de plus douloureux dans l'âme humaine. — Gérault-Richard, actuellement député, écrivait dans la « Petite République » du 3 novembre 1899 ces paroles qui devraient être affichées dans la France entière pour l'instruction de tous les honnêtes gens : « Les morts auraient tort de se plaindre... la routine pleurnicharde, décorée par les pompiers sentimentaux du titre de tradition vénérable, exige des attendrissements annuels... Pourquoi des couronnes de perles ? Pourquoi ces processions votives, ces stations de saules pleureurs ?... coutumes des vieux âges superstitieux et asservis ! » — N'est-ce pas, Messieurs, le dernier bout de l'impudeur de baver ainsi même sur les morts ?

Ecoutez cette autre déclaration d'un chef socialiste dans une assemblée générale du parti, à Gand, en Belgique : « Nous aurons le plaisir d'assister à l'agonie des prêtres... couchés dans les rigoles des rues, ils mourront de faim lentement, terriblement, sous nos yeux. Ce sera notre vengeance ; et pour le plaisir de cette vengeance, joint à une bouteille de vin de Bordeaux, nous vendrons volontiers notre place au ciel. Que dis-je, le ciel ? Nous n'en voulons pas, nous le laissons au dieu des papistes et à ses infâmes bienheureux. » Dans les statuts de « l'Alliance humanitaire universelle » nous lisons cette autre phrase typique : « Les prêtres sont les ennemis du genre humain; contre eux, on a tous les droits et tous les devoirs. Tout est permis pour les anéantir : la violence et la ruse, le feu et le fer, le poison et le poignard : la fin sanctifie les moyens ! » — Quels doux moments, Messieurs, nous réserve la fraternité universelle des socialistes !

Et cette haine antireligieuse n'est pas restée dans les sphères théoriques. A tout instant, on peut, pour ainsi dire, la toucher du doigt, car elle vit dans les masses enrégimentées sous le drapeau collectiviste, à l'état de force aveuglante et grondante. Pour s'en convaincre, le prêtre, même afin d'administrer un pauvre moribond ou porter une aumône, n'a qu'à gagner ces coins de banlieue qui sont les citadelles du socialisme. Tout l'instruira, depuis les réflexions injurieuses ou ordurières des hommes et des femmes jusqu'au dévergondage précoce de ces groupes d'enfants de l'école laïque qui abandonnent leurs jeux pour crier le mot inventé dans les arrière-boutiques de la Franc-Maçonnerie : « A bas la calotte ! » quand ils ne vont pas jusqu'à lancer des pierres. Tout ce qui touche à l'Eglise est devenu insupportable. La vue de la soutane produit l'effet d'un lambeau d'étoffe rouge sur les taureaux. On démolit les croix, on pénètre dans les églises en chantant la Carmagnole. On couvre même de boue, comme cela s'est vu naguère à Paris, la parure des premières communiantes, de ces anges aimés qui jettent comme une note fugitive de blancheur et d'idéal dans les rues tristes et banales de la grande cité ; quelquefois, ce sont, autour d'une pieuse et paisible procession, des cris de menaces poussés par ces fanatiques d'impiété, frémissants sous la main de la police qui les retient encore. — Que sera-ce, Messieurs, demain avec la séparation ?

Ainsi du haut en bas du parti socialiste, pour les penseurs comme pour les simples enrôlés, l'Eglise catholique est l'ennemie héréditaire. On la déteste, non pas d'une aversion quelconque, mais d'une haine implacable et irréductible. Bien naïfs seraient ceux qui, mus par des sentiments généreux, pourraient espérer un rapprochement entre le catholicisme et le socialisme actuel. Cela n'est pas plus possible que de rapprocher Dieu de Satan ; et voilà pourquoi, avec d'autres motifs, pour mon humble part, je n'approuverai jamais l'épithète de « socialistes chrétiens », dont voulurent s'affubler quelques têtes chimériques : ces deux mots hurlent trop de se trouver ensemble.

Non point que je veuille indiquer par là que les catholiques agiraient sagement de ne pas se mêler aux luttes engagées sur la question sociale. Bien au contraire, j'estime de leur devoir d'y prendre une part active et prépondérante. Mais revêtir ce nom de « socialiste » quels que soient les autres qualificatifs dont on le fait précéder ou suivre, en guise d'affixes ou de suffixes, c'est trop paraître, aux yeux du grand public, vouloir nous confondre avec nos pires ennemis, — d'autant plus que ces derniers ne nous en sauraient absolument aucun gré.

Raisons de sa haine anticatholique. — Mais, peut-on, et doit-on se demander, quels sont donc les motifs de cette rage presque incroyable ? — Messieurs, il y en a beaucoup ; laissez moi vous en dire rapidement trois que je range parmi les principaux.

La religion catholique, tout en ne renonçant pas à la félicité terrestre, dans la mesure où elle est juste et possible, détache un peu des biens d'ici bas. Au lieu de pousser le peuple à la curée des richesses et des jouissances matérielles, l'Evangile prêche la patience et la retenue dans les désirs. Il dit que, bon gré mal gré, la félicité est souvent impossible, en tout cas toujours précaire et incomplète dans un monde hérissé d'inégalités naturelles et d'épines. De la sorte, il se produit comme une montée des âmes vers le ciel, vers des consolations et des aspirations supérieures, tandis que la terre s'efface un peu dans l'éloignement et perd de son prix. — Or, rien n'est plus antipathique aux socialistes qu'un pareil état d'esprit. Pour eux, le moindre soupir, la moindre larme demeurent des non-sens et des absurdités. Ne leur parlez pas de modération ni de résignation dans la souffrance. Pourquoi mettraient-ils des bornes à leur soif de jouir ? — De là, des besoins sans nombre produisant des envies effrénées ; de là aussi d'amères déceptions, des impatiences et des révoltes, parce que cette soif du plaisir ne peut jamais être pleinement rassasiée, sur cette terre de misères et de douleurs.

En vain, l'Eglise se penche-t-elle sur eux avec miséricorde pour leur faire du bien, quand même ; en vain, leur démontre-t-on, histoire en main, que c'est elle seule, l'Eglise catholique, qui a relevé les pauvres, les petits, les humbles, les esclaves tous dédaignés et écrasés par le paganisme, qui a vraiment créé la liberté individuelle et la vraie fraternité par le sublime précepte : « Aimez votre prochain comme vous-même » ; en vain leur fait-elle toucher du doigt la réalité puissante d'un amour qui ne recule même pas devant la mort et qui a couvert le monde de ses bienfaits (1) ; en vain, leur indique-t-elle du doigt ces merveilles de tendresse, de pur sacrifice et de bonté, qui sont sa création exclusive, et qui s'appellent le missionnaire, la petite sœur des pauvres, la sœur de charité, toujours disposés à se dévouer pour eux ; en vain même, l'expérience leur fait-elle voir que ce sont précisément les patrons vraiment catholiques qui remplissent le mieux leurs devoirs envers les travailleurs, témoin M. Léon Harmel, à Varmériville, dans le nord, que ses ouvriers, tous anti-socialistes ceux-là, nomment « *Le bon Père* » ; — tout se brise contre la même fureur aveugle et les mêmes calomnies. La charité catholique sous toutes ses formes, le socialisme n'en veut plus ; c'est un mot trop calotin ; il l'a affublé du bonnet rouge pour en faire sa vaporeuse solidarité !

La deuxième raison de cet antagonisme irréductible est tirée d'un tout petit commandement de Dieu qui tient en cinq mots : « Biens d'autrui tu ne prendras. » En effet, pour établir leur nouvel ordre de choses dans l'humanité, il faudrait passer par l'expropriation, appelée de son nom classique le vol et le pillage, et vraisemblablement, par un bon nombre d'homicides. Or l'Eglise ne sera jamais avec les voleurs et les égorgeurs, puisqu'elle devrait fouler aux pieds les articles d'un décalogue qu'elle tient de son divin fondateur lui-même. Et d'autre part, les socialistes n'aiment pas, qu'en

(1) Lire, sur ce point, une très intéressante et forte brochure publiée par l'Action libérale populaire l'*Eglise et les humbles*. Librairie Vitte.

vertu de la loi catholique, on puisse brandir sans cesse au-dessus d'eux, les épithètes malsonnantes de brigands et d'assassins.

Enfin, Messieurs, un troisième motif de cette haine, celui que je crois le plus fort, c'est qu'elle est savamment entretenue, excitée, attisée dans l'ombre par la Franc-Maçonnerie. Car, de même qu'il faut toujours prendre garde dans certains bas-fonds pestilentiels au serpent venimeux qui rampe sous la brousse, quand vous verrez une attaque quelconque, légale ou non, dirigée contre l'Eglise catholique, méfiez-vous, la Franc-Maçonnerie a passé par là. Cette lutte constitue son but unique, l'essence même de sa vie. Les pauvres ouvriers, les travailleurs embrigadés dans le socialisme, ne sont, le plus souvent, que des pantins qui posent devant nous en gestes grossiers de menace; regardez sous les tréteaux : c'est le franc-maçon qui tire la ficelle en ricanant. Voilà pourquoi l'on peut voir aujourd'hui cette anomalie singulière, de gros financiers et richissimes juifs, francs-maçons de marque, qui n'entendent pas du tout qu'on vienne partager leurs millions, commanditer et soutenir des journaux partageux, comme « l'Humanité» ou la « Lanterne. » Ne se sont-ils pas vantés de « museler » le socialisme quand il leur paraîtra trop dangereux? — Et ils se croient sincèrement de taille à lui mettre cette muselière, au moment voulu ; car ils ont, comme en-tête de leur programme et soutien de leurs efforts, cette parole officielle d'un des leurs, le F.·. Fernand Maurice, au grand convent maçonnique de septembre 1890, parole qu'il faudrait donner comme sujet de méditation à tous ceux qui se disent encore libres chez nous : « **Dans dix ans, personne ne bougera plus en France, en dehors de nous !** » — Mais la Franc-Maçonnerie a vu là une force puissante de démolition contre le catholicisme : elle s'est hâtée de canaliser les revendications sociales et de mener tout le mouvement. Et l'on a remarqué, Messieurs, que cette inclination de la F.·. M.·. vers le socialisme s'est accentuée au lendemain de l'immortelle Encyclique du Pape Léon XIII sur la condition des ouvriers (15 mai 1891). Un pape qui avait l'audace de s'adresser directement aux travailleurs pour leur dire et leurs devoirs et leurs droits, quel danger pour la libre-pensée ! — Aussitôt grands efforts chez les FF.·.

pour confisquer à leur profit l'élan socialiste. Qu'il me suffise pour l'établir de quelques citations probantes que je pourrais multiplier. Le F.·. Bédarride — l'une des plus reluisantes « casseroles » du Bloc — veut « **qu'on fasse marcher de front la tactique anticléricale et la tactique socialiste** ». Le F.·. Girod exhorte la secte « à faire une évolution vers le socialisme afin d'avoir à sa portée les masses sur lesquelles on peut agir activement quand elles sont préparées à recevoir les idées nouvelles ». — Le F.·. Blatin recommande « d'enrégimenter les foules socialistes qui vont toujours avec ceux qui les disciplinent et les entraînent » — Au convent de 1899, le F.·. Desmons, député, s'écrie avec chaleur dans un toast : « **Je résume tout ce que je viens de dire en un seul mot « la République », car ce mot veut dire pour moi : antimilitarisme, anticléricalisme et socialisme !** » — Celui de 1904 a voté une proposition « d'affirmation socialiste ». — Et la Franc-Maçonnerie, Messieurs, descendra jusqu'au collectivisme et à la Révolution, si elle croit que c'est le seul moyen de poursuivre la guerre contre l'idée religieuse. Le F.·. Lucipia, ancien membre de la Commune, président du grand conseil de l'Ordre, déclarait un jour, aux applaudissements de tous les FF.·. auditeurs : « Si les circonstances étaient les mêmes, votre F.·. Lucipia serait le même » ; ce qui équivalait à dire : « si l'anarchie communarde reparaît, eh bien, nous reviendrons anarchistes communards » !

Vous le voyez, Messieurs, dans cet assaut général et furieux contre toutes les barrières, derrière lesquelles s'abrite l'ordre social entier, c'est l'Eglise, sentinelle d'avant-garde, qui a toujours supporté les premiers coups : c'est une grande gloire et un bel honneur pour elle.

Réfutation du Socialisme

Messieurs, j'en arrive à la troisième partie de ma conférence : la réfutation du socialisme pour laquelle je fais encore appel à votre bienveillante attention.

Vous avez déjà pressenti, à l'énoncé de la doctrine, ce que son application apporterait avec elle, sous un faux air de liberté et d'égalité, de ruines irréparables et d'insupportable tyrannie. Il est des choses dont le simple exposé est la meilleure des condamnations.

Je veux seulement m'attacher à mettre en lumière, sous vos yeux, d'abord la parfaite légitimité de la propriété individuelle, ce qui est important aujourd'hui ; — répondre ensuite à quelques objections socialistes des plus répandues ; — enfin vous montrer quelques conséquences frappantes du socialisme en application.

I

Preuves de la propriété individuelle : I. Penchant universel. — La première preuve que la propriété individuelle est bien dans l'ordre naturel des choses, c'est le sentiment inné que la Providence en a mis au cœur de l'homme, c'est ce penchant si prononcé et universel pour garder, au besoin pour défendre, ce que nous savons légitimement nous appartenir. Rien de plus fort que ce cri qui s'échappe spontanément de nos lèvres quand on s'attaque à ce que nous possédons : « ceci est à moi ! », et rien de plus violent que le soin jaloux, que la ténacité avec laquelle nous nous efforçons de le protéger contre l'injustice d'autrui.

Cet instinct se manifeste d'une manière non équivoque chez l'enfant qui retient, de toutes ses forces et avec larmes, le jouet qu'un étranger veut lui ravir. L'éducation développe ce penchant et le règle, la loi civile le garantit et le sanctionne, mais c'est la nature même qui l'inspire. Voilà pourquoi, chez tous les peuples, même les plus barbares, nous constatons l'existence de la propriété individuelle. Le sauvage possède ses flèches, son arc, ses armes, ses filets, sa tente; l'homme civilisé possède un champ fertile, une demeure plus confortable. Du dernier échelon de la civilisation jusqu'au sommet, vous retrouverez toujours l'expression de ce besoin invincible de la nature humaine, protégé tantôt par la force, tantôt par des lois et sanctionné par ce commandement qui s'élève impérieux du fond de la conscience : « tu ne voleras pas ». Or, cette universalité est l'indice toujours certain d'une loi naturelle. — Qu'ils aillent donc, nos prêcheurs socialistes, essayer d'implanter leur doctrine chez les nègres du centre de l'Afrique, par exemple; ceux-là, du moins, n'ont pas encore été, comme nous, corrompus par les vieux préjugés sociaux; qu'ils s'efforcent de leur démontrer le bonheur sans mélange du partage et du travail, système collectiviste. Je crois bien que le premier sauvage catéchisé leur répondra, en guise d'assentiment, par un bon coup de casse-tête; et il aura raison.

II. Exigence du bien social. 1° L'individu. — Pourtant, nous n'avons là qu'une preuve d'autorité; et comme le sujet est de ceux que l'on discute aujourd'hui, en certains milieux, le plus volontiers et le plus passionnément, entrons plus avant, au cœur même de la question. — Le droit de propriété terrienne ou autre, et surtout terrienne, est d'abord fondé sur l'exigence même du bien social, sur la nécessité pour l'individu de vivre, pour la famille de se développer, pour la société entière de trouver sur le sol des produits suffisants à son existence.

L'homme, en effet, n'est pas seulement un animal doué d'instinct, dirigé et gouverné par la nature, incapable de tendre au-delà de l'objet particulier actuellement perçu par les sens. Il possède encore une intelligence, un cœur, une volonté libre. Il peut prévoir ses besoins futurs et les moyens d'y subvenir; et grâce à sa liberté, il a le droit de choisir entre ces moyens ceux qui lui semblent les mieux adaptés au but qu'il se propose, en un mot, le droit de pourvoir non seulement au présent, mais encore à l'avenir. Après Dieu, il doit être sa propre Providence. — Or, pour atteindre ce but, il a besoin, absolument besoin, à cause de sa nature corporelle, des biens matériels que sa prévoyance et son travail doivent tirer de la terre. Et ce besoin n'est pas d'un jour, il est de toute la vie. « Les nécessités de l'homme ont de perpétuels recours: satisfaites aujourd'hui, elles renaissent demain avec de nouvelles exigences ». Chaque jour, il doit manger, se vêtir, et user pour sa vie intellectuelle et morale, laquelle s'exerce par le moyen des sens, d'une multitude de choses matérielles. Ces divers biens, nécessaires à sa double vie sensitive et raisonnable, il les tire immédiatement ou médiatement de la terre. Remarquons, en effet, Messieurs, que tous les hommes entretiennent leur vie physique au moyen de la terre, soit en cultivant le sol directement, soit en échangeant leur travail contre ses produits.— La nature, qui oblige ainsi l'homme à être à lui-même sa propre Providence, qui ne fournit pas spontanément à ses besoins comme à ceux de l'animal, a donc dû mettre à sa disposition un élément stable et permanent, capable de lui en fournir perpétuellement les moyens. En lui imposant la nécessité de pourvoir à sa vie présente et future, de l'autre en fournissant le fonds duquel il peut tirer ce qui lui est nécessaire, en lui donnant l'intelligence pour le comprendre et la liberté pour agir, la nature indique assez qu'il est le maître de la terre et qu'il peut en disposer à son gré.— Mais être ainsi le maître d'une portion du sol dans le présent et l'avenir, c'est précisément ce qui constitue le droit de propriété : refuser ce droit, c'est donc se mettre en contradiction formelle avec le vœu de la nature.

2° La famille. — D'autre part, Messieurs, l'homme n'est pas fait pour vivre seul. Il naît dans la société domestique et s'y développe. La famille est le premier organisme social. Et la constitution de la famille entraîne aussi, pour son chef, le droit de propriété, le droit de posséder les biens productifs de revenus permanents. La famille, en effet, est comme un accroissement, une continuation de la personne des parents, et de même que la nature a laissé à l'homme le soin de pourvoir aux besoins présents et futurs de sa propre personne, ainsi lui laisse-t-elle la charge de pourvoir aux besoins de cette extension de sa propre personnalité qu'il s'est donnée dans ses enfants ; et cela d'autant plus rigoureusement que les pauvres petits êtres ne peuvent pas, durant de longues années, subvenir eux-mêmes à leur entretien. Le bon sens l'indique clairement. Le père doit, avec l'aide de la mère, être la providence des enfants. Comment le pourra-t-il sans le droit de propriété ? « La nature, dit Léon XIII, inspire au père de famille de se préoccuper de l'avenir de ses enfants et de leur créer un patrimoine qui les aide à se défendre, dans la périlleuse traversée de la vie, contre toutes les surprises de la mauvaise fortune. Mais ce patrimoine pourra-t-il le leur créer sans l'acquisition et la possession des biens permanents et productifs qu'il puisse leur transmettre par voie d'héritage ? »

3° La société. — D'ailleurs, Messieurs, le bien lui-même du corps social tout entier, loin de la condamner, étaye encore, et de façon solide, la propriété terrienne. Dans l'état actuel des choses, la terre fournit des produits suffisants, mais **nécessaires**, à l'humanité qui en vit. Or, qui oserait soutenir avec conviction que le travail socialisé de cette même terre serait aussi fécond que le travail morcelé des petits propriétaires ? Qui pourrait prétendre raisonnablement qu'une administration collective, toujours plus ou moins négligente et lourde dans sa manière de faire, — en mettant les choses au mieux, — vaudrait l'œil vigilant du cultivateur responsable, cet « œil du maître » dont a si bien parlé le bon La Fontaine ? La pensée de peiner sur un champ bien à soi, pour son avenir, pour sa famille, pour sa postérité, ne met-elle pas du feu au cœur de l'homme et de la vaillance à ses bras ? Ne redouble-t-elle pas son ardeur et son application pour « creuser, fouiller, bêcher », selon les expressions du même fabuliste, et changer ainsi le travail en trésor ? — Avez-vous jamais, Messieurs, par une belle matinée de juin, traversé la magnifique plaine de la Limagne, ou contemplé, aux flancs des coteaux, les beaux vignobles de l'Hermitage ? Ici, quel ordre admirable dans la rangée des ceps verdoyants, quel zèle à garder le sol net de toute herbe nuisible, et quelle ingéniosité à ne rien laisser d'inculte ou de perdu ! Et là, quelle variété de culture, quelle ardeur au travail, quelle saine rivalité de chacun pour que son champ ne soit pas moins bien tenu que le champ du voisin !

Très sincèrement, Messieurs, en serait-il ainsi sous le régime collectiviste ? Cette quantité de produits nécessaire à la vie de l'humanité serait-elle obtenue ? — La maigreur des rendements, sinon la stérilité et l'abandon, et comme conclusion logique, la famine générale, auraient vite remplacé, dans l'inertie de tous les travailleurs, cette superbe floraison de richesses, aussi réjouissante à l'œil qu'utile au pays. Voyez comme une diminution accidentelle de récoltes cause parfois d'effroyables disettes en Russie, aux Indes, en Chine et même au Japon. Que serait-ce donc avec le socialisme en œuvre ? Oui, comme l'affirme encore Léon XIII, « la perturbation dans tous les rangs de la société ;... le talent et l'habileté privés de leurs stimulants, et, comme conséquence nécessaire, les richesses taries dans leur source ; enfin, à la place de cette égalité tant rêvée, l'égalité dans le dénûment, dans l'indigence et la misère », voilà quelles seraient les funestes conséquences de la propriété socialiste.

Ce sont, sur cette matière, les vieux et indestructibles arguments d'Aristote et de saint Thomas, arguments à la portée de tous, parce qu'ils sont basés sur le bon sens lui-même, et que rien n'est clair, fort comme le bon sens.

III. Rapports du travail au droit de possession. — Messieurs, il est une troisième preuve rationnelle et puissante, à opposer aux théories collectivistes ; je vous la soumets avec le plus de concision possible. — Si la nature n'a pas désigné spécialement tel objet, tel champ pour être la propriété de tel individu, ce qui est évidemment vrai, elle nous a donné pourtant à chacun un premier bien, un premier capital, c'est nous-mêmes, nos membres et nos facultés ; car la première condition de la personnalité est précisément la possession de soi-même. « On me disputera peut-être les chevaux qui me prêtent leurs pieds agiles pour franchir l'espace, dit Thiers dans son livre « De la propriété » ; on voudra me les enlever en m'assurant qu'ils sont à tous, j'y consens. Mais mes pieds, mes mains, ma tête, on n'a pas encore imaginé de me dire qu'ils appartiennent à la totalité de l'espèce humaine. » Or, de cette première et inaliénable propriété, Messieurs, en découle nécessairement une seconde. Maître de mes facultés physiques et intellectuelles, je le suis aussi du fruit de leur travail, du résultat de leur activité. Lorsque je les applique à un objet matériel inoccupé, incapable de se donner une direction de son initiative et apte à la recevoir, je suis en droit de m'attribuer les modifications réalisées dans cet objet, car l'effet appartient à sa cause, et l'homme a droit d'auteur sur l'œuvre de ses mains. C'est là axiome de toute évidence. Et comme ces modifications ne peuvent se détacher du fonds lui-même, qu'elles lui ont donné une plus-value certaine, ce fonds, destiné par hypothèse au service de l'homme, doit m'appartenir. Ces champs sans possesseur que j'ai défrichés, arrosés, fécondés, ce marbre que j'ai ciselé, ces ouvrages conçus par mon esprit et transcrits par ma plume sont un bien dont nul ne peut légitimement me contester la libre possession. Ils m'appartiennent comme dépendance de moi-même, comme extension de mes facultés qui les ont marqués de leur empreinte. Me les enlever ce n'est point seulement me ravir les produits légitimes de mon travail, c'est m'arracher pour ainsi dire, une partie de ma personnalité ; et que peut-il y avoir de plus intangible que la personnalité dans une société libre ? Le droit de tout autre sur ces produits, résultats de mon labeur, repose sur le néant, tandis que mes droits à moi reposent sur cette base indestructible de toute propriété : la première occupation jointe au travail.

Inanité des objections socialistes. — Et remarquez bien, Messieurs, que de ce chef, la communauté ne subit aucun tort, comme le crient les socialistes. Bien loin de commettre un vol à leur préjudice, je lui rends en réalité un service signalé. En prenant possession de ce coin de terre que je cultive, j'en double, j'en décuple la valeur par mon travail, mes sueurs, et j'enrichis d'autant la collectivité. On a constaté, en effet, qu'une lieue carrée, c'est-à-dire seize hectares de terres en friche, nourrit fort mal un homme par la chasse ;

qu'une étendue égale suffit à nourrir cent hommes par le pâturage, mille par l'agriculture et l'industrie réunies. Cela est si vrai que tous les gouvernements intelligents, loin de regarder comme un usurpateur celui qui s'approprie un terrain inoccupé, y voient toujours un service digne de récompense.

On pourrait, Messieurs, faire un raisonnement analogue pour l'ouvrier qui met à la disposition d'autrui ses forces ou son esprit. Par une entente consentie entre le patron et lui, le résultat de son travail est représenté par un salaire convenable et fixé d'avance. Et non seulement il peut en toute justice exiger ce salaire, comme fruit de son activité, comme quelque chose de lui-même, mais il a le droit, strict et rigoureux, d'en user comme bon lui semble. Il n'est même pas nécessaire de stipuler, au préalable, cette condition, tant elle paraît résulter de la nature elle-même. Offrez à ce travailleur, qui se dit collectiviste, un fort prix de journée, 10 francs par exemple, en vous réservant de les dépenser comme vous l'estimerez au mieux de ses intérêts. Il n'acceptera probablement jamais... sans réfléchir qu'il en serait toujours ainsi dans la société dont il rêve le triomphe !

Malgré tout, les socialistes continuent de nous répondre : Non, la nature n'a pas fait de propriétaires. Est-ce qu'à l'origine, quand la terre était inoccupée, tout n'appartenait pas indistictement à tous ? Le premier qui s'est approprié une portion quelconque du sol de quel droit l'a-t-il fait ? — C'est un argument plus spécieux que solide. — Nous répondons : si cette raison avait quelque valeur, s'il m'était interdit de m'approprier tel objet inoccupé parce qu'en agissant ainsi j'empêche aux autres de le prendre, les autres à leur tour, tous les autres, devraient observer la même réserve ; la conclusion très logique et... très absurde, serait que rien ne peut plus être à personne ! Les premiers hommes, sans exception, ne devaient toucher absolument à rien sur l'univers, laisser tout champ inculte et mourir de faim, sous peine de devenir d'infâmes voleurs envers le genre humain !

Légitimité des grandes fortunes. — Nécessité et bienfaits du capital. — Poussé dans ses derniers retranchements, le théoricien socialiste garde en réserve un suprême argument, celui qu'il répète le plus volontiers aujourd'hui, et celui, avouons-le franchement, qui fait le plus immédiatement impression sur les masses : N'y a-t-il pas de limite au droit d'appropriation, et n'est-il pas scandaleux, contraire au vœu de la nature, de voir un seul homme posséder en propriété exclusive, ce qui suffirait à la subsistance de centaines de familles ? — « Le besoin, a dit un socialiste, est le seul titre de notre propriété ; et la mesure de nos besoins doit être celle de notre fortune. Si mille francs suffisent pour conserver notre existence, en posséder cinq cent mille est un vol évident, une injustice flagrante. Quand le besoin est satisfait, l'homme n'est plus propriétaire. »

Nous répondons, tout d'abord, que le droit, en lui-même et dans son essence, reste partout et toujours le droit, que les raisons, solides je crois, que nous avons déjà données de la légitimité de la possession individuelle ne peuvent pas distinguer entre la grande et la petite propriété. — Et puis, Messieurs, regardez bien à la base et à l'origine des grandes fortunes : vous y verrez, presque toujours, une somme énorme d'héroïques labeurs, de longs efforts, d'ordre, d'épargne et de prévoyance accumulés par les ancêtres ; et tout cela, ce sont des vertus morales et sociales qui commandent le respect. Vous y verrez, peut-être aussi, le génie d'un membre privilégié dont les inventions merveilleuses ont centuplé la fortune familiale ; vous y verrez même le courage militaire et l'héroïsme guerrier. C'est ainsi que les possessions foncières de la vieille aristocratie française ont, le plus souvent, pour origine, d'éminents et glorieux services rendus jadis à la patrie. Les nobles, autrefois, donnaient sans compter, leur temps, leur fortune et leur vie ; ils prodiguaient leur sang au service du pays : c'était leur rôle et comme leur premier privilège. — M. le comte de Chabannes, qui nous préside aujourd'hui, me permettra bien de vous dire que plus de vingt, parmi ses illustres aïeux, sont glorieusement tombés aux plus beaux champs de bataille de France. — Le pays, qu'ils avaient sauvé, leur montrait en retour sa reconnaissance à ces vaillants, par des donations de territoire à eux, ou à leur maison. N'était-ce pas légitime, et n'est-ce pas justice aussi que les fils jouissent, dans les limites du droit, de la gloire et des biens acquis par des pères braves et économes ?

En troisième lieu, Messieurs, sachons reconnaître que la grande fortune ne reste jamais inactive et inutile. D'abord, combien de familles qui vivent de leurs bons et loyaux services, heureuses et tranquilles, à l'ombre du château, et qui ne rêvent nullement de l'état collectiviste? Combien de salariés qui trouvent là un travail rémunérateur et sans chômage? Combien même de malheureux, inaptes à tout service et incapables de gagner leur vie, viennent y chercher les ressources nécessaires à leur existence, et qu'une délicate charité ne leur refuse jamais? — La grande fortune, le capital, j'ose affirmer qu'ils sont plus que légitimes, qu'ils sont absolument nécessaires! Ils représentent la liaison forte du présent, du passé et de l'avenir. Grâce à eux, grâce aux avances d'argent dont ils sont les sources, l'agriculteur peut défricher, améliorer et féconder ses terres en grand; il peut, par l'emploi de procédés perfectionnés dans l'exploitation, multiplier les rendements. Le manufacturier, par la vaste ordonnation du travail, obtient un résultat que le labeur isolé serait radicalement incapable d'obtenir. C'est le capital qui lui permet de réunir cent, trois cents, mille ouvriers dans une action commune et féconde, et de produire une somme d'effets que les efforts de chaque ouvrier pris séparément et multipliés par cent, trois cents ou mille, ne produiront jamais. C'est le capital qui seul fait réalisables ces gigantesques entreprises, canaux qui rapprochent les mers, tunnels qui percent les montagnes, chemins de fer qui annihilent presque la distance, immenses bâtiments, routes confortables, vastes réservoirs, ponts merveilleux, travaux cyclopéens que nous admirons et dont nous profitons tous plus ou moins. C'est le capital qui rend possibles ces legs et ces dons royaux, grâce auxquels se fondent et subsistent de magnifiques établissements de bienfaisance, privée ou publique, pour le soulagement, et aussi pour l'honneur de l'humanité. De la sorte, la richesse privée et sociale s'accroît, assurant le bien-être, la sécurité et la prospérité générales. — Divisez, morcelez, égalisez tout cela par l'universel partage, et vous aurez l'universelle médiocrité, sinon l'universelle misère. Ainsi, l'on a calculé que la production totale de la France est d'environ dix-huit milliards par an. Dans l'hypothèse socialiste, il faudrait retrancher de ce revenu (et Dieu sait s'il serait atteint quand les ouvriers n'auraient comme vague stimulant de travail que l'enrichissement public !), il faudrait retrancher au moins dix milliards pour le fonctionnement normal de la machine nationale, à l'effroyable complication, pour l'entretien des ateliers nationaux et de tous les édifices publics. Il resterait donc huit milliards à partager entre les trente-huit millions de Français. Le socialiste Kausky a dit lui-même que ce partage « ne serait plus qu'un reste ». Or, la trente-huit millionnième partie de huit milliards donnerait à chacun deux cent dix francs, c'est-a-dire à peine quatorze sous par jour ! — Donc le nivellement socialiste des fortunes, cette chimère qui trouble aujourd'hui tant d'esprits révoltés, qui sert d'arme de combat aux mains des ambitieux qui exploitent la crédulité publique par des promesses criminelles, ferait tomber le pauvre et l'ouvrier dans une situation très inférieure à celle qui leur est faite sous le régime de la propriété. »

D'autre part, Messieurs, le capital chez nous, aux signes précurseurs, à l'approche ou même à la simple menace de la révolution sociale, aurait mille manières, sans qu'on puisse l'en empêcher, de se dérober, de se dissimuler, de fuir à l'étranger, pour l'enrichir d'autant, et aussi le faire se moquer de nous. Et tous les hommes sérieux constatent que lorsque le capital effrayé reste caché, le bien-être général s'amoindrit aussitôt. Quand il est livré à la circulation, le travail et par conséquent le salaire et l'aisance de l'ouvrier s'élèvent et se multiplient. J'appuie cette affirmation sur un fait de l'histoire. En 1847, le capital est en pleine prospérité et le chiffre total des affaires de l'industrie parisienne s'élève à 1.463.628.000 francs. Un an plus tard éclate la révolution, saluée comme l'aurore d'une ère nouvelle de bonheur universel par tous les socialistes d'alors; les capitaux se terrent immédiatement et le chiffre des affaires tombe, pour cette année-là, à 677.524.000 francs, plus de la moitié moins; et tandis que la gêne frappe momentanément les capitalistes qui vivent de profits, la ruine et la misère noire viennent s'abattre sur les ouvriers, qui vivent de salaires. C'est que la société, Messieurs, peut se comparer à un bel arbre verdoyant : le capital en forme le tronc et les grosses branches qui portent la vie et la fécondité, à l'extrémité des plus humbles rameaux ; supprimez-le, l'arbre meurt et s'écroule faute de sève.

L'Etat mauvais propriétaire et mauvais industriel. — Que les socialistes aux abois ne viennent pas nous objecter que c'est la collectivité, l'Etat qui a le droit de posséder, qui peut et doit jouer le rôle de capitaliste. Car d'où le tiendra-t-il ce droit ? Ils n'ont pas la prétention, je suppose, de nous faire croire que l'Etat a préexisté à l'individu, comme s'ils voulaient affirmer que le gerbier, dans les champs, a été gerbier avant l'existence de chacune des gerbes qui le composent, ou que cette maison est plus vieille que les pierres qui ont servi à la bâtir ! C'est l'individu seul qui a pu lui déléguer ce droit, à l'Etat. Or, personne ne donne ce qu'il n'a pas ; donc l'individu le possédait auparavant.

Et puis, outre l'expropriation qu'il n'aura jamais le droit d'accomplir, outre les conséquences absurdes qui en résulteraient et dont je vous énoncerai quelques-unes plus loin, l'Etat, par là-même qu'il est une puissance irresponsable et omnipotente, tue dans sa source le premier et presque le seul élément d'émulation, d'efforts et d'épargne qui se nomme l'intérêt. Avec la théorie brutale des ennemis de la propriété, c'est la fin du labeur joyeux fait avec courage ; c'est, par le renversement des meilleures affections familiales, la mort du plus puissant mobile d'énergie, c'est le « je m'enfichisme » très général et très rationnel. Toutes les nations, du reste, constatent ce fait d'expérience : les entreprises dirigées par les particuliers ou les compagnies sont presque toujours mieux menées, plus rémunératrices, plus appréciées du public que celles qui dépendent du fonctionnarisme national. L'Etat suisse, par exemple, fait le douloureux apprentissage de cette vérité économique depuis qu'il s'est mis à gérer lui-même les chemins de fer du pays (1). « L'Etat, disait récemment et avec humour un journal de notre ville, — pas suspect du tout de cléricalisme, puisqu'il s'appelle le « Lyon Républicain », — l'Etat est le plus mauvais industriel, le plus inepte

(1) De même, l'exploitation des chemins de fer par l'Etat russe ne couvre pas le service de la dette qui lui est correspondant. C'est une charge annuelle de 86 millions de roubles (344 millions de francs) qui va s'aggravant à mesure que s'étend le réseau.

fabricant qu'il y ait au monde! Jugez-en, chez nous, d'après les allumettes qu'il confectionne et nous impose, sous peine de rudes amendes, si nous nous avisons d'en acheter qui ne portent pas son estampille. Heureux sommes-nous si, sur un paquet de cinq cents, au prix de huit sous, il s'en trouve cent cinquante qui daignent brûler loyalement. Et quel informe paquet! tout mal arrangé pour qu'il se défasse et laisse les allumettes se répandre par terre, à les ramasser à la pelle pour les jeter dans l'âtre. » — Et pourtant il emploie à cette fabrication un superbe état-major d'ingénieurs, de directeurs, de sous-directeurs, de contremaîtres et d'inspecteurs, de comptables et de sous-comptables, et deux fois plus d'ouvriers que l'industrie privée n'en emploierait pour faire dix fois mieux... et cinq fois moins cher. Remarquez que c'est nous, Messieurs, qui payons et que l'Etat n'a pas de compte à nous rendre! Voilà un petit exemple de l'étatisme et du socialisme futurs. « Quand l'Etat sera boulanger, débitant de vin et autres liquides, épicier et tout ce qu'il lui plaira, j'augure que plus d'un parmi nous — si nous y sommes — ira voir dans la république de Saint-Marin ou d'Andorre si la vie y est bonne. Mais depuis longtemps nous n'y serons plus! »

A supposer même que la collectivité, l'Etat seul puisse posséder, la propriété a beau être commune entre tous ses membres, n'en sont pas moins très injustement exclus tous ceux qui ne font point partie de cette collectivité. Messieurs les socialistes français, vous ne voulez pas au moins pour commencer, mettre subitement en régie communiste l'univers tout entier. Entre une foule d'autres, l'empereur Guillaume vous chasserait aussitôt de chez lui à grands coups de botte! — Vous voulez commencer par chez nous, par notre beau pays. Mais puisque d'après vous, ni le fait de la première occupation, ni le travail continu des générations sur le même sol, n'ont pu créer un titre quelconque d'appropriation, de quel droit jouir de la France au détriment des Cosaques, des habitants du Sahara qui ne détiennent point de pays naturellement aussi fertile? Le Touareg, l'Esquimau et le Japonais ont autant de titres que vous à la jouissance des beaux vignobles bordelais ou champenois, de Château-Lafitte et de Chambertin!

Voilà pourquoi, Messieurs, tous les économistes sérieux, qui ne se laissent point aveugler par la passion politique et par le désir malsain d'une popularité de circonstance, l'immortel Le Play, Audigame, Leroy-Beaulieu et tant d'autres, loin de maudire, comme nos socialistes, l'injuste propriété ou « l'infâme capital », reconnaissent que le droit de propriété individuelle est impossible à être pratiquement méconnu, que seul, l'accord loyal et chrétien du capital et du salaire, qui fait aussi l'accord du patron et de l'ouvrier, peut donner une solution pratique au problème social, et proclament avec une saisissante clarté ces harmonies providentielles du capital et du travail.

Objection de Karl Marx contre le capital. — Il nous faut maintenant, Messieurs, afin d'être complets sur ce point si important, réfuter l'objection que tous les socialistes répètent après Karl Marx. Le capital, disent-ils, demeure néanmoins par un côté, et malgré toutes vos raisons, le fruit de l'injustice, puisqu'il vient surtout de l'excédent du prix de vente des objets manufacturés sur le prix de la matière brute ajouté au salaire du travail. Le capitaliste ne donne, en compensation du labeur qu'il achète, que ce qui est strictement nécessaire à la subsistance du travailleur. Tous les progrès qui devraient réduire les heures du travail nécessaires à l'entretien de la vie, ne profitent qu'à lui ; tous les bénéfices, toute la plus-value ne servent qu'à augmenter son avoir par une progression indéfinie. Est-ce donc cela la justice ? « Capitaliste, dit l'ouvrier, vous vendez, par exemple, cette roue de locomotive 250 francs. La matière première vous a coûté 50 francs ; vous avez payé aux divers travailleurs métallurgistes 100 francs de journées. Il y a donc un excédent de 100 francs. Pourquoi le gardez-vous en entier pour vous seul ? J'admets que votre travail personnel et la somme nécessaire à un entretien convenable soit évaluée à 50 francs ; il n'en reste pas moins 50 francs que vous volez au détriment de tous les autres travailleurs de l'usine. »

Réfutation de Karl Marx. — Ouvrier, répliquons-nous, dans la série de votre captieuse argumentation, vous omettez quelques points de toute première importance. —

D'abord, la production capitaliste dont vous parlez n'est pas la seule forme de production. Elle est encore aujourd'hui loin d'embrasser tout le terrain économique. Les abus que vous prétendez y découvrir ne pourraient donc autoriser la révolution économique universelle que vous réclamez. De plus, comment Marx sait-il que l'ouvrier produit en six heures l'équivalent de son entretien ? Pourquoi a-t-il généralisé les résultats de ses calculs établis sur des données restreintes ? Pourquoi même, n'est-il pas allé aussi loin que certains de ses disciples qui affirment aujourd'hui qu'un travail de trois heures suffit pour produire cet équivalent de l'entretien de l'ouvrier ? Il aurait dû prouver que le travail qui dépasse six heures est toujours une plus-value au profit du capital. Il a oublié sciemment de vous dire tout ce qui est en faveur du capitaliste. C'est en effet le capitaliste qui a dû bâtir le vaste atelier où vous êtes heureux de venir travailler. Sans lui, la matière à transformer n'aurait pu être achetée. C'est lui encore, de ses propres deniers, qui doit s'occuper de réparer et d'entretenir l'outillage, de faire la réclame, de vendre les produits. Vous, vous avez un salaire qui n'est pas seulement probable mais certain, déterminé et payé à jour fixe. Au contraire, le bénéfice qui doit résulter de la vente des objets manufacturés est très aléatoire, éloigné et variable ; et que de fois — malgré un travail de huit, dix et même douze heures, au lieu de la prétendue plus-value qui ne s'arrête jamais — ce bénéfice se transforme en perte, sinon en ruine pour le patron, à cause de la surproduction, de la concurrence aujourd'hui acharnée entre nations industrielles, et aussi à cause de vos grèves, les plus souvent funestes pour tous, incompréhensibles ou même imbéciles dans leurs motifs. A quel travail absorbant, à quels minutieux calculs, le patron doit se livrer parfois pour « boucler son budget », selon l'expression courante ! Quelles alarmes, quelles inquiétudes poignantes pour lui et les siens viennent l'assaillir, quand il se sent rouler, malgré tout, sur le chemin de la faillite ! N'est-il pas juste qu'il soit un peu rémunéré pour les services qu'il rend et les risques auxquels il s'impose ? Du reste, est-ce que le patron d'aujourd'hui n'est pas maintes fois l'ouvrier laborieux d'hier, de même que l'ouvrier prévoyant d'aujourd'hui peut devenir le patron de demain ? —

J'ajoute : S'il en est parmi les capitalistes qui ont manqué, qui manquent encore à leurs devoirs envers les ouvriers — et la nature ne serait plus ce quelle est s'il ne s'en trouvait pas, — qui méritent vraiment le titre « d'exploiteurs du peuple », pourquoi en rendre responsables les capitalistes honnêtes qui n'ont pour leur personnel que de paternelles attentions, de tutélaires pensées, et qui forment encore, Dieu merci, l'immense majorité ? — et de quels puissants moyens les travailleurs ne disposent-ils pas pour les obliger, ces hommes cupides, à rentrer sur le chemin de la justice, en nos jours de publicité à outrance et de multiples associations ?

Vous dites enfin que le besoin seul peut légitimer la propriété. Mais de quels besoins prétendez-vous parler ? du besoin immédiat, du besoin d'un jour, d'une année, d'une vie entière ? Du besoin de l'individu, ou de toute sa famille ? D'autant plus qu'il est des besoins factices, qui naissent de l'habitude et se développent par la passion. Un ambitieux, un avare, un paresseux, auront-ils donc d'autant plus de droits qu'ils se seront créés plus de besoins ? Un ivrogne vous dira que son estomac a besoin de 4 ou 5 litres de vin par jour : les lui donnerez-vous, alors que le travailleur économe et modéré se contente d'un seul litre... ou même d'eau pure ? Qui donc tracera la limite entre les besoins légitimes, vraiment naturels et ceux qui sont nés du vice ? Où s'arrêtera-t-on dans la gamme des désirs ? Faut-il se contenter du strict nécessaire, ou peut-on se permettre l'utile et même le convenable ? Enfin, si mon besoin est en conflit avec le besoin de mon semblable, — ce qui arrivera plus d'une fois — lequel des deux devra l'emporter ? — C'est donc encore la violence qui décidera, et, fatalement, l'on en revient toujours à cette conclusion, dans le socialisme, qu'on a droit à tout ce qu'on désire pourvu qu'on ait la force de se le procurer.

II

Derniers arguments socialistes. — Alors, nous ripostent aussitôt et avec violence les socialistes, nous sommes donc réduits à de platoniques et vaines protestations contre

« les exploiteurs du peuple », contre les accapareurs insatiables, puisque vous reconnaissez qu'il en existe? — Que pensez-vous des salaires en général, et surtout des salaires de famine qu'ils nous offrent parfois, et que nous sommes bien obligés d'accepter, quand il y a surabondance de travailleurs, si nous ne voulons pas mourir de faim? — L'Etat n'a-t-il pas le droit et le devoir de nous venir en aide, dans des cas pareils? — Quels sont donc, selon vous, les remèdes au mal social dont nous souffrons?

Messieurs, ce sont là des questions qui forment comme les dernières réserves en fait d'arguments sérieux des socialistes intelligents, qui veulent discuter loyalement avec nous. Certes, elles sont délicates et difficiles à résoudre. Mais il faut bien les aborder avec résolution et sincérité si nous voulons soutenir la bataille jusqu'au bout, et demeurer victorieux. Ne vaut-il pas mieux prendre solidement par les cornes un taureau furieux qu'essayer de fuir devant lui?

Que penser des « exploiteurs du peuple »? — En premier lieu, pour ce qui est des vrais « exploiteurs du peuple », ne craignons pas de les flétrir aussi haut, plus haut que tous les socialistes; de redire après Léon XIII, combien ils sont coupables et dignes du mépris public, ces hommes de lucre à la misérable avidité, qui pour augmenter leur gain dans des proportions quelquefois énormes, s'efforcent de diminuer le plus possible la rémunération de l'ouvrier, sans souci ni de ses forces, ni de sa moralité, ni de son avenir, ces usuriers sans honte qui spéculent sur la gêne ou l'imprévoyance de leurs malheureuses victimes, ces gros banquiers véreux aux spéculations malhonnêtes, cause de tant « de misères imméritées », selon le mot de l'Encyclique, ces aigrefins de la finance qui drainent la petite épargne, ces opulents qui abusent de leurs grosses fortunes pour réaliser de prodigieux accaparements, des monopoles scandaleux qui portent un grave préjudice aux classes pauvres, obligées de payer un prix surfait les choses de première nécessité, telles que le pain, le sucre ou le pétrole, ces ploutocrates sans pitié qui méconnaissent totalement leurs devoirs de ce que j'appellerais la « juste charité ». — Oui, Messieurs, ils sont coupables, et doublement, tous ceux-là: coupables d'édifier une colossale fortune par des moyens criminels, pour parler clairement, coupables de vols, et par conséquent strictement tenus à la restitution ; coupables aussi de toutes les mauvaises excitations, des haines et des envies terribles qui s'éveillent à cause d'eux. Car c'est à cause d'eux que bien des esprits, aigris par le malheur et par l'iniquité de leur sort injuste, plutôt que par la jalousie ou autres vices, en sont venus à se persuader qu'il y a lutte naturelle, nécessaire, sans merci entre les riches et les pauvres, entre le capital et le travail. Et aujourd'hui, Messieurs, grâce au raffinement de notre civilisation, à la facilité des échanges, jamais la pauvreté n'avait amené avec elle tant de maux, ni la richesse tant de biens.

Ah ! gardons-nous de laisser aux socialistes le monopole des justes revendications, l'initiative des mesures « promptes et efficaces » dont parle Léon XIII ! Sachons montrer que nous sommes plus qu'eux des amis de la justice, des libéraux dans le beau sens de ce mot ; que nous sommes assez des esclaves du devoir et du droit pour ne rien taire des injustices, rien omettre de ce qui peut les faire cesser et soulager la misère d'autrui. N'oublions pas que ce fut la meilleure prérogative de l'Eglise catholique de prendre toujours en main les nobles causes et la défense de tous les opprimés contre toutes les tyrannies. Soyons jaloux de lui conserver ce superbe rôle. Aujourd'hui, une abstention systématique de notre part, sur ces questions vitales, serait plus qu'indifférence dangereuse, plus qu'une lâcheté : ce serait un crime.

Deux curieuses remarques. — En même temps que nous serons avec les socialistes, au besoin que nous les soutiendrons dans leurs revendications légitimes, engageons-les à faire avec soin une double constatation : parmi ces capitalistes incriminés, il n'y a jamais eu, il ne peut pas y avoir de vrais catholiques, pratiquants et sincères, car par là même qu'ils se permettraient ces criminels agissements, ils cesseraient d'être de vrais catholiques. M. Lasies disait naguère à la Chambre, avec autant de justesse que d'ironie : « Tous les anticléricaux ne sont pas des fripons, mais tous les fripons sont des anticléricaux ! » — C'est même en cela surtout qu'éclate la supériorité et la beauté de notre religion : là où la loi civile et toutes les coercitions extérieures demeurent impuissantes, la loi chrétienne, au nom des principes absolus de la justice éternelle, au nom de la vraie charité, crie à ces « exploiteurs » leur culpabilité et leur honte, et souvent parvient seule à les ramener au droit chemin. — Car, Messieurs, la loi chrétienne, seule entre toutes les lois, atteint et règle les replis les plus cachés du cœur, l'intime de l'âme, le fond de la conscience d'où ne doit jamais être absente la véritable honnêteté. C'est là une de ses meilleures gloires et de ses plus grandes forces. — D'autre part, deuxième constatation, assez fréquemment, parmi les voleurs haut placés et les flibustiers de première marque, il en est que les directeurs de journaux socialistes, les manitous et les porte-parole du clan, se gardent bien de signaler à la vindicte du parti, quand ils ne les soutiennent pas de leur influence, alors que nous les voyons sans pitié pour l'honnête patron qui aura transgressé un article de la loi sur la durée du travail. D'où peut donc provenir cet accroc singulier à l'intégrale justice de ces grands redresseurs de torts? Il y a là un point d'histoire sociale curieux à élucider, une question intéressante à poser... dont vous devinez sans doute la réponse!

Légitime rôle de l'Etat dans la question sociale. — L'Etat, lui non plus, ne doit pas rester indifférent devant les injustices dont les travailleurs peuvent être victimes. Il a une mission à remplir pour la défense de l'ensemble et de chacun. Il peut et doit protéger les intérêts moraux, spirituels et physiques de l'ouvrier. Ainsi, un travail excessif est funeste à la santé, irrite les esprits, sacrifie les droits du faible, et, par suite, nuit à la société. L'Etat, étant seul capable de remédier au mal, est obligé d'intervenir. D'où il peut limiter les heures de travail, surtout pour les femmes et les enfants. Il peut fixer une quotité insaisissable de salaire, conserver les modestes héritages et les petits patrimoines. Il doit protéger les propriétés privées, aussi bien celles des patrons contre les déprédations des ouvriers, que celles des ouvriers contre l'usure des patrons. Il devra garantir contre les violences des grévistes l'indépendance des ouvriers qui veulent continuer le travail. Waldeck-Rousseau a dit lui-même que « le droit d'un seul à travailler est aussi sacré que le droit de tous à faire grève ». Il devra défendre contre toute atteinte le droit naturel et sacré, précieux entre tous, d'association. Et si son intervention se borne à protéger extérieurement, pour ainsi dire, les familles et les individus qui se suffisent et obtiennent par leurs seules forces, dans la société, leur fin particulière, il est de son devoir d'intervenir positivement en faveur de ceux qui sont incapables de se soutenir seuls ou de faire respecter leurs droits. Il est de son devoir de lutter contre les agioteurs, les accapareurs, les voleurs de tout acabit, en un mot de prévenir partout l'écrasement injuste du faible par le plus fort. Les fonctions de l'Etat ne doivent donc pas se borner, comme le voudrait l'école américaine ultra-libérale, à celles du gendarme et de l'officier de paix qui laissent tout faire et tout passer, pourvu que l'ordre extérieur ne soit pas troublé. L'idéal de la Société ne doit pas être, selon le mot de H. Spencer, « un minimum de gouvernement et un maximum de liberté » (1), parce que cela conduit naturellement à un maximum d'anarchisme, mais un gouvernement moyen donnant à l'individu un maximum de liberté joint à un maximum de protection, et à l'ensemble un maximum de prospérité. « Aux gouvernants, dit Léon XIII, il appartient de protéger la communauté et ses parties... Ceux qui sont les dépositaires de l'autorité doivent l'exercer à l'instar de Dieu dont la paternelle sollicitude ne s'étend pas moins à chacune des créatures en particulier qu'à tout leur ensemble ». Et l'auguste Pontife ajoute qu'il entend par l'Etat non point tel gouvernement chez tel peuple en particulier, mais « tout gouvernement qui répond aux préceptes de la raison naturelle et des enseignements divins ».

Mais, Messieurs, — et la remarque est singulièrement importante aujourd'hui —, ce rôle de l'Etat doit toujours être modéré, discret, réglé de manière à n'offenser aucun droit préexistant et supérieur. On l'a dit, l'Etat « ne doit pas être trop père », car souvent après avoir commencé par la charité, il finit par la tyrannie. Ainsi, il ne pourra jamais, sous prétexte d'intervention salutaire autre que celle qui découle de la légitime nécessité de punir, justement mé-

(1) Le libéralisme absolu dans la société se ramène vite, pour beaucoup, à la liberté... de mourir de faim.

connaître les droits imprescriptibles de l'individu, tel que le droit de propriété par exemple, ni pénétrer le sanctuaire de la famille, ou l'absorber au point de réclamer pour lui seul l'éducation des enfants, comme le veut le socialisme. Car, la famille comme l'individu préexistent à l'Etat, vivent, agissent et possèdent des droits avant la formation de l'Etat. Si ces petites sociétés naturelles qu'on appelle des familles se réunissent en sociétés plus vastes qu'on appelle l'Etat, c'est uniquement en vue de trouver dans l'association des moyens plus puissants de protéger leurs droits, et de plus grandes facilités pour remplir leurs charges. « Que si les familles comme les individus, entrant dans l'Etat, y trouvaient au lieu d'un soutien un obstacle, au lieu d'une protection une diminution de leurs droits, la société (l'Etat) serait bientôt plus à fuir qu'à rechercher. Vouloir donc que le pouvoir civil envahisse arbitrairement jusqu'au sanctuaire de la famille, c'est une erreur grave et funeste. » (Encycl. Rerum Novarum). — « Otez la justice, disait saint Augustin, que sont les Etats ? De grandes compagnies de brigands. »

Si l'Etat remplit toujours ce rôle. — Eh bien, Messieurs, l'Etat, chez nous, les a-t-il toujours intégralement remplis, ces importants devoirs sociaux ? Dans les grèves, par exemple, la liberté du travail fût-elle toujours, est-elle encore suffisamment garantie ? Le droit inaliénable de la propriété individuelle, le droit sacré de l'association, sont-ils sauvegardés avec la loi contre les congrégations ou la loi sur la séparation ? La fameuse Déclaration des droits de l'homme et du citoyen, dont nombre de politiciens ont toujours plein la bouche, est-elle toujours justement observée dans tous ses articles ? celui-ci, par exemple : « *Nul ne doit être inquiété pour ses opinions, même religieuses* », ou ces deux autres : « *La loi doit être la même pour tous, soit qu'elle protège, soit qu'elle punisse. -- Tous les citoyens sont également admissibles à toutes dignités, places et emplois publics, selon leur capacité et sans autre distinction que celle de leurs vertus et de leurs talents ?* » — A ceux qui nous répondraient par l'affirmative, nous dirions : Comment expliquez-vous, alors, ce monstrueux déni de liberté de nos gouvernants envers les petits fonctionnaires, facteurs, cantonniers, juges de paix et autres, auxquels ils défendent d'envoyer leurs enfants à l'école libre, sous peine de perdre immédiatement leur place, c'est-à-dire le gagne-pain de la famille? C'est cela que vous appelez « ne pas être inquiété pour ses opinions, même religieuses » ? — Pourquoi les Francs-Maçons, qui ont du reste toujours cyniquement violé la loi de 1834 sur les associations, la loi de 1848 et de 1881 contre les sociétés secrètes (et vous savez, Messieurs, si la F.·. M.·. y tient encore, au secret : c'est si commode pour cacher toutes les infamies!), pourquoi ne se soumettent-ils point à la loi du 2 juillet 1901, bonne seulement pour jeter les catholiques à la rue (1)? Pourquoi sont-ils dispensés de faire le dépôt légal de leurs publications et des listes de leurs membres ? Pourquoi fait-on l'inventaire de nos églises à nous, et ne fait-on pas celui des mosquées musulmanes, en Algérie ? D'où provient ce singulier et scandaleux contraste ? C'est cela l'égalité de la loi pour tous les citoyens ? — Comment se fait-il que lesdits Francs-Maçons, les Protestants et les Juifs, gens dont souvent le nom ne sonne ni bien clair, ni bien français, soient maîtres des préfectures, des tribunaux, des académies, de la Chambre et du Sénat? L'emportent-ils donc à ce point sur le commun des Français, par le génie, le savoir, la vertu et le dévoûment? C'est encore cela l'équitable admission de tous les citoyens aux charges publiques? Pourtant, ils sont quelques milliers, et nous sommes des millions! — Messieurs, ne vous lassez pas de poser à nos adversaires des questions de ce genre-là, elles sont pour eux dangereuses comme une épée à deux tranchants solidement maniée, parce qu'elles sont l'interrogation même de la vérité, du droit, et que nulle réponse ne peut prévaloir contre la vérité et contre le droit.

Enfin, Messieurs, la petite épargne a-t-elle obtenu protection du pouvoir public, comme elle aurait dû l'obtenir, contre les entreprises des grands voleurs, des financiers parasites

---

(1) Car, sans parti pris aucun, la franc-maçonnerie n'est-elle pas une véritable congrégation occulte ayant ses temples, ses pontifes, ses vœux, sa hiérarchie et ses rites, ces rites dont M. Prache disait naguère du haut de la tribune même de la Chambre : « Ils sont tellement grotesques que, si on les publiait tous, ce serait dans le pays entier un immense éclat de rire ? »

audacieux et sans conscience?—Avec le désastre du Panama, les chemins de fer du Sud, l'affaire Humbert et Cie, et autres plus ou moins formidables escroqueries, on évalue à quinze milliards les pertes éprouvées depuis vingt ans par la petite et moyenne épargne française : cela, vraiment, eût-il pu se produire avec plus de vigilance... et moins de complicité dans les hautes sphères gouvernementales !

C'est que, Messieurs, et vous le savez assez, sous le couvert de la République démocratique, nous avons trop souvent la tyrannie économique et politique exercée par la grande banque juive et la Franc-maçonnerie, nous avons la vente éhontée des consciences parlementaires, la cynique et publique pression gouvernementale en temps d'élection, bref, la domination complète de la vieille nation française par « une faction qui détourne le cours des richesses et en fait affluer en elle toutes les sources, faction d'ailleurs qui tient en ses mains plus d'un ressort de l'administration publique ». — C'est en ces termes que Léon XIII la dénonçait, il y a quelques années : que ne pourrait-il pas dire aujourd'hui ?

Contre toutes ces turpitudes et toutes ces lâchetés ; contre ces scandales qui forment d'une part autant de puissants griefs dont le socialisme est si habile à profiter, et contre ces faiblesses du pouvoir qui semblent, de l'autre, légitimer ses doctrines d'anarchie, à nous, Messieurs, à tous les libéraux de tous les partis, de protester sans relâche, de les dévoiler, de les poursuivre, de les flageller sans pitié par la plume et la parole, nous souvenant que parmi les droits naturels de l'homme, la Révolution a placé en première ligne « la résistance à l'oppression », et que, d'après la parole du Pape lui-même : « une loi ne mérite obéissance qu'autant qu'elle est conforme à la droite raison et à loi éternelle de Dieu » !

Le juste salaire. — A la question du socialisme sur les salaires, matière aussi complexe que délicate, l'Eglise encore, et l'Eglise seule, apporte une doctrine lumineuse, précise et équitable. — Le salaire est la rémunération de l'ouvrier d'après l'œuvre accomplie et le temps employé au travail. Il offre deux grands avantages : il est indépendant du résultat de la production ; il permet à l'ouvrier de vivre avant que ces résultats soient obtenus. Il se prête à toutes les combinaisons : salaire à la journée, à la tâche, progressif, avec ou sans participaiion aux bénéfices. — Or, nous savons que la fin générale des biens matériels en ce monde est de permettre à l'humanité d'y vivre convenablement. Il est donc naturel que les travailleurs perçoivent d'abord sur les fruits de leur travail ce qui leur est nécessaire pour vivre selon leur état, à la fois parce qu'il est monstrueux que l'ouvrier vivant puisse être plus maltraité que la machine toujours maintenue en bon état et en mesure de marcher, et parce qu'il est évidemment contraire à la Providence divine que ceux qui travaillent puissent périr de faim. — Ainsi se justifie la grande règle tracée par l'Encyclique : en principe et en droit strict, le salaire doit être suffisant « à faire subsister l'ouvrier sobre et honnête », — « que le patron et l'ouvrier fassent tant et de telles conditions qu'il leur plaira, qu'ils tombent d'accord notamment sur le chiffre du salaire : au-dessus de leur libre volonté, il est une loi de justice naturelle plus ancienne, à savoir que le salaire ne doit pas être insuffisant à faire subsister l'ouvrier sobre et honnête... Tout salaire qui ne suffit pas à nourrir l'ouvrier est un salaire contraire à la justice. » (Encycl.)

Sans doute, ce salaire minimum, n'est dû, en stricte justice, qu'autant qu'il est possible de le prélever sur les bénéfices réels : le salaire, en effet n'a droit qu'aux fruits du travail. Mais les propriétaires ou les capitalistes ne doivent jamais prélever un bénéfice net avant d'avoir payé ce minimum qui peut varier selon les circonstances, les pays et les personnes. Toute industrie doit fournir d'abord le nécessaire à ceux qui l'exercent, avant de valoir du superflu à personne.

Le salaire familial. — On a discuté beaucoup pour savoir si le salaire minimum devait être « familial » ou seulement « individuel ». Le salaire familial est celui qui correspond aux besoins d'une famille ouvrière dans des conditions moyennes, c'est-à-dire, composée du père, de la mère avec deux ou trois enfants en bas âge, quelques-uns de plus âgés, s'il en est, pouvant déjà fournir un travail utile et apporter ainsi un complément de bien-être. En apparence, quand le salaire répond aux exigences de la justice pour l'ouvrier, le nombre de ceux qui ont à vivre n'est pas une raison pour obliger le patron à l'augmenter. Le travail étant l'œuvre personnelle de l'ouvrier seul, ne se rapporte pas « primairement » à sa famille. Mais la condition normale, naturelle, générale de l'ouvrier honnête est la vie de famille. En vertu du devoir personnel qu'il a de l'entretenir, cette famille, de partager avec elle le prix de son labeur, le salaire se rapporte « secondairement » à tous deux. En équité naturelle, le salaire doit donc être familial.

D'ailleurs, si la vie de famille est pour l'ouvrier une cause de dépense, elle devient aussi une cause d'économie : la préparation de la nourriture, l'entretien du linge et des vêtements, etc., sont des industries domestiques, et l'ouvrier est intéressé à recevoir ces services à son foyer, plutôt qu'à les acheter au dehors où ils lui seraient toujours plus onéreux.

Quant à la thèse de la participation directe du travailleur aux bénéfices réalisés, elle est évidemment plus conforme au droit naturel, au droit chrétien que le régime du salariat brutal ; et tout patron digne de ce beau nom qui ressemble tant à celui de père, se fera un devoir et un honneur d'associer, dans une certaine mesure, ses ouvriers à ses gains. Reconnaissons pourtant qu'en stricte justice, il n'y est point obligé. Car, de même que la justice ne condamne pas l'ouvrier à subir sa part de risques, de pertes ou même de faillite auxquels tout patron est exposé, de même elle ne peut contraindre le capitaliste — une fois le salaire convenable payé — à prélever quoi que ce soit sur ses bénéfices en faveur des ouvriers.

Les « salaires de famine ». — Mais que penser, Messieurs, de la fameuse loi de l'offre et de la demande sur laquelle nous interrogent souvent les théoriciens socialistes ? Quand il y a surabondance de bras, le capitaliste peut-il en profiter pour offrir des salaires dérisoires que le malheureux ouvrier sera bien forcé d'accepter, s'il veut gagner le morceau de pain de chaque jour ? — Des économistes, partisans d'un libéralisme à outrance, répondent par l'affirmative. Selon cette « loi d'airain » comme on l'a nommée, le juste prix dépendrait uniquement de la convention des parties contractantes. Si donc les ouvriers sont trop nombreux à un moment et sur un point donnés, et cherchent de l'ouvrage à n'importe quel prix, l'employeur ne devra en stricte justice que le salaire consenti de part et d'autre ; ne serait-ce que vingt ou même dix centimes par jour. La charité ou la bienfaisance seule pourront l'engager à payer le salaire minimum. — Messieurs, l'économiste chrétien se doit de protester contre cette barbare théorie. Les ouvriers ne peuvent pas toujours changer de profession ou de domicile pour trouver ailleurs le labeur assez lucratif qui leur est nécessaire. Le travail, d'autre part, garde toujours ses mêmes droits et sa même dignité; car il est en lui-même quelque chose de noble et de grand que l'Eglise a toujours chanté et béni. Le travail, c'est la virile et sainte loi humaine, et aussi la loi sociale par excellence. Au front de tout honnête travailleur, il y a comme une glorieuse auréole qui le marque d'un signe auguste et lui donne droit au respect de chacun. Il ne peut donc jamais être permis d'acheter du travail pour l'exploiter. — Le consentement donné par le travailleur en détresse à un prix dérisoire peut être considéré comme arraché par la nécessité : il n'est pas libre, et, par conséquent, le contrat devient nul. « Au-dessus de la volonté des contractants, il y a la loi de justice naturelle plus élevée et plus ancienne, à savoir que le salaire doit être suffisant. » Le prix de main-d'œuvre ne doit jamais descendre au-dessous d'un niveau que les économistes américains appellent « le niveau de la vie ». Ceux qui spéculent ainsi sur la misère et usent de ces procédés indignes avec les travailleurs déshonorent en eux la personne humaine (1). — Lors d'une grève des ouvriers en soierie, dans une grande ville industrielle voisine, un fabricant, dans une réunion de

---

(1) Il est bien certain, à qui étudie l'histoire d'une âme impartiale, et pour ne citer qu'un seul exemple, que les patrons en soierie eurent une lourde part de responsabilité dans la terrible insurrection des ouvriers de la Croix-Rousse, à Lyon, en novembre 1831.

Par suite de circonstances économiques diverses, les *canuts* avaient vu leurs salaires décroître très rapidement de 5 et 4 fr. à 1 fr. 50. C'était la misère intense et ces malheureux, menacés de voir tomber leur salaire quotidien à 25 sous, demandèrent, comme pis-aller, l'établissement d'un tarif minimum.

Ce tarif leur fut d'abord garanti, puis contesté vingt-quatre heures après. Une déclaration de certains patrons proclama même que les exigences des ouvriers n'avaient pour cause que les « besoins factices » qu'ils s'étaient créés.

L'agitation s'étendit alors dans toute la classe ouvrière lyonnaise, et, le 21 novembre les canuts abandonnèrent leurs métiers, descendirent en masse compacte, mais sans armes, des hauteurs de la Croix-Rousse où ils vivaient presque tous misérablement.

Ils furent arrêtés par les gardes nationaux qui firent feu et leur tuè-

patrons, osa déclarer avec une cynique naïveté que, grâce à la multiplicité des demandes provenant du chômage des autres industries, il avait obtenu des ouvriers à vingt-huit sous par jour avec un travail de dix heures, et gagné à ce procédé-là sept cent mille francs en une année. Et l'un des auditeurs de répliquer aussitôt d'une voix vengeresse : « Vous êtes un voleur doublé d'une canaille ! » Les qualificatifs n'étaient-ils pas aussi mérités que cinglants ?

La logique de cela, Messieurs, c'est qu'il faut bien nous garder, sous prétexte de principes intangibles à défendre, de combattre le socialisme avec un rigorisme impitoyable et des arguments faibles, par là même qu'ils sont exagérés. On a dit de lui qu'il « engraissait d'imbéciles malédictions ». Et vraiment, s'il fallait embrasser l'une ou l'autre erreur, choisir entre deux injustices, les âmes généreuses préféreront toujours tel socialisme humanitaire à tel libéralisme incrédule et sans pitié. Laissons donc les politiques et les économistes qui refusent d'accepter comme loi souveraine la morale chrétienne, engager, à leurs dépens, la guerre avec les socialistes. Nous, Messieurs, faisons uniquement appel aux principes de la raison et de l'Evangile, développés dans l'enseignement de l'Eglise. Ceux-là sont clairs, certains, bien liés à toutes les autres vérités, toujours confirmés par l'expérience, parce qu'ils sont appuyés sur ces deux bases solides et nécessaires de tout ordre social : la justice et la charité.

---

rent une douzaine d'hommes. — Alors les ouvriers, regagnent précipitamment les hauteurs de la Croix-Rousse qui se hérissent de barricades, et arborent le drapeau noir sur lequel ils avaient inscrit cette devise de désespérés :

Vivre en travaillant
ou
Mourir en combattant !

« Jamais, dit un historien, plus déchirante et plus terrible devise n'avait été écrite sur un étendard ! »

On sait qu'après quelques jours d'éphémères succès — pendant lesquels, dans tout Lyon, il ne fut commis aucun attentat ni contre les personnes, ni contre les propriétés — les infortunés ouvriers furent rapidement réprimés et désarmés par le maréchal Soult à la tête d'une armée de vingt mille hommes, et que le tarif minimum ne fut pas exécuté.

Ce simple fait d'histoire contemporaine montre que les revendications des travailleurs, même leurs révoltes, sont parfois justes, et que la rapacité des patrons peut amener de terribles conséquences.

Des concessions légitimes comme celle-là rendent ensuite les arguments d'autant plus forts contre les utopies collectivistes.

Charité et solidarité. — Oh! je sais bien que les socialistes la repoussent, la charité, sous prétexte qu'elle est humiliante et contraire à la dignité humaine, et qu'ils nous offrent, en échange, comme je vous l'ai dit, leur fameuse solidarité. Pour eux, ce nouveau terme est le cliché à la mode, le salut des générations futures; sa trouvaille fut, paraît-il, « un gros événement intellectuel »! Seulement, remarquez que tout le monde la nomme, la solidarité, et que personne ne la définit clairement. — Mais puisque la question est à l'ordre du jour, essayons, Messieurs, de pénétrer les secrets de la nouvelle doctrine, telle que les intellectuels du parti s'efforcent de nous l'expliquer. — La science, nous disent-ils, démontre que tous les êtres qui existent sont dans un état de dépendance réciproque les uns envers les autres. Le moindre changement mécanique d'un corps a sa répercussion sur l'ensemble mécanique du monde. Dérangez, par exemple, le cours d'un astre, l'influence du changement se fera sentir à l'univers entier. L'homme n'échappe pas à cette loi. « A tous les instants de la durée, dit M. Léon Bourgeois dans son livre « Solidarité », chacun des états de son moi est la résultante des innombrables mouvements du monde qui l'entoure, de chacun des états de la vie universelle... L'humanité est composée de plus de morts que de vivants; notre corps, les produits de notre travail, notre langage, nos pensées, nos institutions, nos arts, tout est pour nous héritage, trésor lentement accumulé par les ancêtres... Cette dépendance le lie à tout dans l'espace et dans le temps.» — De ce fait constaté par la science, un devoir se déduit. Puisque la solidarité est une loi naturelle de la race humaine, comme le devoir consiste essentiellement à obéir aux lois, il s'ensuit que l'homme, dépendant en fait de tous ses semblables, doit se considérer vis-à-vis d'eux comme solidaire, comme formant avec eux un tout, et par conséquent comme devant « fortifier la faiblesse des infirmes, remédier à la pauvreté des misérables, alléger les souffrances des malades, dissiper les ténèbres des intelligences obscures, redresser la volonté des vicieux et des coupables, diminuant ainsi l'ignorance, faisant reculer la maladie, la misère, la mort, et développant la vie. » Tous pour chacun, chacun pour tous, telle est la devise de la solidarité humaine. « L'homme, ajoute

M. Bourgeois, vivant dans la société et ne pouvant vivre sans elle, est à toute heure, un débiteur envers elle. Là est la base de ses devoirs, la charge de sa liberté. » — Or la charité ne peut pas être aussi féconde que cette grande idée de solidarité générale; car la charité ne reposant que sur un sentiment, demeure livrée aux caprices du sentiment. Il est bien évident, que l'aide envers les faibles étant un devoir, nous devons les assister de la façon la plus efficace et par conséquent ne pas abandonner les procédés d'assistance aux caprices individuels. — Voilà, Messieurs, énoncée dans ce quelle a de plus fort, la thèse de la solidarité. A première vue, cette conception, très simple et très engageante, ne séduit-elle pas un peu l'imagination? — Mais que de graves et insolubles difficultés, quand on l'examine de près, et combien peu la pratique répond à la théorie!

Et d'abord, par cela même que la solidarité est un fait d'ordre scientifique, une loi inéluctable de la nature, elle ne peut imposer à l'homme, aucune sorte d'obligation vraie, elle n'a point d'autorité pour entrer dans la conscience morale. — Ainsi, ne dépendons-nous pas, au moins pour notre existence actuelle, du soleil qui nous éclaire et nous réchauffe, de la terre qui nous nourrit, autant — sinon davantage — que des hommes qui nous environnent? Avons-nous cependant quelque devoir envers le soleil et envers la terre? Les feuilles des arbres purifient l'air que nous respirons : sommes-nous moralement obligés envers les feuilles des arbres, et ne pouvons-nous pas en brûler quelques-unes, si bon nous semble? — Non, je ne dois rien à l'eau que je bois, parce qu'elle m'est donnée par la nature, et qu'elle ne se donne en aucune façon elle-même. — Si j'ai une dette et des devoirs, c'est envers une **bonté intelligente et volontaire**; ce ne peut être envers une humanité abstraite, issue des nécessités naturelles qui n'a jamais pensé à moi, qui n'a jamais voulu travailler pour moi. — D'autre part, puisque nous devons, d'après les « solidaristes », obéir à toutes les lois de la nature, devons-nous, par exemple, suivre, avec docilité et toujours, cette grande loi de l'évolution et du progrès qui se nomme la concurrence vitale, la lutte pour l'existence? Le reconnaître, n'est-ce pas expressément proclamer que les forts ont toujours raison et que les faibles sont nés pour être dévorés? Quelles monstrueuses conséquences!

En second lieu, dans cette question du soulagement des fatales misères et de l'inévitable pauvreté, vaut-il mieux en appeler uniquement à la froide raison, — comme sont obligés de le faire les partisans de la solidarité, s'ils veulent rester logiques, — ou s'adresser en même temps au cœur et à la pitié humaine? La raison, quand il s'agit des souffrants, le paganisme nous a assez montré par ses turpitudes, ses tyrannies et ses cruautés, quelle en était la véritable valeur. Et si vous voulez des arguments moins anciens, regardez donc avec un peu d'attention autour de vous, dans la société, l'envahissante poussée de ce culte féroce du « moi », coïncidant avec le plus méprisant « tant pis pour les autres », à mesure justement que se perd l'idée de charité et que monte l'idée de solidarité. Demandez aux francs-maçons plus ou moins socialistes ce qu'ils ont fait, eux personnellement, pour les malheureux, de leurs deniers et de leur dévouement propres, en s'inspirant de la doctrine nouvelle (1). Où sont donc leurs hôpitaux, leurs écoles, leurs orphelinats, leurs établissements de bienfaisance? Ils n'en ont pas d'autres que ceux qui viennent des deniers publics, de notre argent à nous contribuables, et qu'ils s'arrogent le droit d'administrer seuls à leur guise. Mettez en parallèle les multiples institutions philanthropiques de l'Église, hier et aujourd'hui, qui ont leur source unique dans la charité : regardez bien, comparez et jugez.

Enfin, prendre pour ligne de conduite envers autrui cette loi dans laquelle vient se résumer en son fondement même la théorie de la solidarité : « Nos actes ont leur contre-coup dans la société et réagissent tous plus ou moins nécessairement les uns sur les autres; donc, si j'agis bien, en vertu de ma dépendance vis-à-vis des autres hommes, je m'en trouverai bien moi-même; si j'agis mal, j'en pâtirai à mon tour »,

---

(1) Au sujet des œuvres d'assistance et de bienfaisance, M. Copin Albancelli, dans son excellent livre *La Franc-Maçonnerie et la Question religieuse*, nous dit : « *Après avoir fait mon enquête sur les bonnes œuvres maçonniques, je suis obligé de constater combien cette congrégation laïque est, au point de vue philanthropique, inférieure aux congrégations catholiques, qu'elle abomine... Les bonnes œuvres dont bénéficient ses membres n'ont guère d'importance,* **et celles dont profite le peuple sont absolument nulles** » !

qui ne voit que ce n'est pas autre chose que la règle de « l'intérêt personnel »? Et nous voilà, avec la belle solidarité, revenus à la vieille morale profondément égoïste d'Epicure et de Bentham, un peu remise à neuf par quelques sociologues contemporains! — Que si, contre toute logique, on veut comprendre sous cette appellation des sentiments vraiment désintéressés, pourquoi se servir d'un terme à ce point détourné de son sens propre et étymologique? Pourquoi ne pas garder le mot si beau, si plein de réalités, si populaire, de charité? N'a-t-il pas suffisamment fait ses preuves?

La charité n'est qu'un sentiment fugitif, objecte-t-on. — Oui, si vous en faites une sorte d'émotion vaine dans ses résultats, une pitié à la Rochefoucauld, qui n'emporte de la douleur rencontrée que le plaisir de n'être point la proie d'une semblable misère; non, mille fois non, s'il s'agit de la vraie charité, celle dont nous parlons, la charité réelle, pratique et toujours en éveil de l'Eglise catholique, charité qui ne se borne pas à la commisération, mais passe vite aux actes, charité qui peut vénérer la souffrance et l'aimer pour elle-même, mais qui toujours s'efforce de la combattre et de la diminuer chez autrui.

Cette charité-là, Messieurs, elle n'a rien qui puisse humilier personne; car elle est synonyme d'amour, et le pur amour est toujours ennoblissant; elle élève les cœurs au même niveau; elle a son origine dans les plus superbes qualités de l'âme qui se nomment la bonté et la pitié; elle inspire à l'homme l'acte le plus grand qu'il puisse accomplir: donner au delà de ce qui est juste, se dévouer, se dépouiller, se sacrifier pour ses frères. Ne faudrait-il pas être insensé pour s'en plaindre? — Dans certaines occasions et pour quelques âmes plus sensibles, ce peut être pénible parfois de tendre la main en suppliant; je le reconnais très volontiers. Mais c'est précisément alors qu'apparaît la supériorité de la charité catholique, elle qui sait s'ingénier de mille manières pour ne pas froisser les susceptibilités légitimes et unir la plus grande délicatesse à la plus complète discrétion, au lieu d'abandonner les pauvres aux formalités dures et rebutantes de l'assistance publique. — Non, le monde n'aura jamais assez de charité, parce qu'il aura toujours trop de souffrances. Ce qu'il faut s'efforcer de faire, ce n'est pas de rayer le mot de notre langue, mais d'élargir assez les cœurs, afin qu'auprès de chaque douleur, la charité, mot et chose, puisse s'asseoir et verser son baume réconfortant.

Vous le voyez assez, Messieurs, dans ce changement de nom, il n'y a que pertes sans compensation. Nous aussi, sans doute, nous nous réclamons de la solidarité ; le christianisme en a même fait un dogme, l'un des plus consolateurs, avec la communion des saints et la réversibilité des mérites. A ses yeux, la race humaine constitue la famille adoptive de Dieu. C'est la même sève divine qui coule en chacune de nos âmes, c'est le même torrent de vie qui nous enchaîne et nous lie les uns aux autres d'un lien surnaturel. Mais celui-là est autrement profond, solide, fertile en œuvres salutaires que le lien mécanique et tout extérieur de leur glaciale solidarité. — S'ils l'aiment tant ce terme-là, c'est uniquement parce que la pensée laïque l'a reçu des basses loges maçonniques pour éliminer le terme trop chrétien de charité.

Aussi, Messieurs, gardons jalousement notre idéal à nous, cet idéal d'un Dieu pauvre et ouvrier qui nous a révélé la noblesse du travail et de l'effort, le mérite de l'humilité et de la pauvreté, la récompense future de toute souffrance endurée patiemment en union avec lui, idéal qu'on ne peut remplacer absolument par rien, sinon par l'hypothèse irréalisable et anarchique du socialisme, ou la solution païenne de la consécration d'une élite et de l'écrasement du fort par le faible, idéal enfin qui a jeté par le monde, dans la suite des âges, et jette encore, Dieu merci, tant de consolations, de force et de lumière.

La solution au « mal social ». Les associations. — De tout ce qui précède, il résulte clairement que la solution à la question sociale, le remède à ce qu'on nomme aujourd'hui le « mal social » n'est pas un, mais multiple et divers.

A l'Eglise catholique appartient le premier, le plus noble rôle, celui de conciliateur, de guide et de soutien ; à elle de marquer, d'après les principes évangéliques, de justes et salutaires limites aux exigences des patrons, aux prétentions des ouvriers, comme à l'intervention des pouvoirs publics.

A l'État, de défendre tous les droits de l'ordre social, d'assurer au mieux le bien-être général par une prudente et sage organisation du travail.

Aux individus, patrons et ouvriers, de mettre en œuvre et ces principes et cette législation, par une commune entente, une aide réciproque, une mutuelle estime, par de fécondes et durables associations. C'est même ce régime des associations et corporations professionnelles que Léon XIII recommande comme le meilleur moyen de faciliter l'harmonie entre le capital et le travail. — S'associer, Messieurs, c'est-à-dire se rapprocher les uns des autres, pour s'entr'aider, pour garantir plus efficacement l'exercice des droits propres à chacun, unir ses forces à celles de ses semblables d'une manière permanente, en vue d'une fin commune et licite, est un droit naturel et non une pure concession de la loi humaine. S'opposer à cette tendance, l'entraver dans son essor, enlever à l'homme le moyen d'atteindre son entier développement physique et moral, refuser satisfaction à son légitime désir de progresser et de se perfectionner dans les différentes sphères où peut s'exercer son activité, c'est donc, de toute évidence, s'opposer au vœu même de la nature. — Ici, Messieurs, nous pouvons bien, en passant, demander à nos sectaires persécuteurs, d'après quels principes ils se sont adjugé le pouvoir d'enlever aux paisibles congrégations religieuses ce droit sacré d'association, commis contre elles des « spoliations aussi funestes qu'iniques », alors que ce droit est accordé très largement « à des hommes qui roulent dans leur esprit des desseins perfides à la religion et à l'Etat ». Ce sont les expressions mêmes de l'encyclique. Ils ne pouront nous répondre qu'en invoquant de hautes raisons... franc-maçonniques ; et nous leur dirons, nous, avec tous les honnêtes gens, qu'ils se sont placés, par cette cynique injustice, à l'arrière-ban des nations civilisées. — Ajoutons, cependant, que le droit d'association a des limites marquées par sa propre fin et par la fin même de la société. Jamais l'on ne pourra reconnaître comme légitime une association dont le but serait contraire aux bonnes mœurs, à l'ordre public et au véritable bien général.

Messieurs, dans votre sphère et d'après les moyens dont vous pouvez disposer, favorisez de toutes vos forces toutes les associations d'où l'idée chrétienne n'est point systématiquement bannie : syndicats agricoles, cercles d'études, unions d'anciens étudiants d'écoles libres, cercles catholiques d'ouvriers, coopératives, et tant d'autres. Elles sont bienfaisantes, elles rendent l'individu plus fort contre lui-même et contre les autres ; elles constituent le meilleur préservatif contre la centralisation chère aux socialistes, et même contre l'égoïsme personnel. « *Le frère qui est aidé par son frère est comme une ville forte* », est-il dit dans les Proverbes. Concilier les droits respectifs des patrons et des ouvriers, régler les différends pacifiquement par l'arbitrage, et non violemment par des grèves, prévenir les chômages, créer des caisses de secours mutuels en cas d'accident et de maladie, des caisses de retraite pour la vieillesse, garantir les objets vendus, tant au point de vue de la qualité que du prix, empêcher la prépondérance d'une classe au détriment d'une autre, tels sont quelques-uns des services pratiques et éminents qu'on peut attendre des corporations chrétiennes, et qui justifient amplement toute générosité à les fonder, tout dévouement à les faire prospérer.

Afin de conclure cette partie d'un mot, Messieurs, on peut dire que la société pour fonctionner normalement a, comme le corps humain, besoin du concours de tous ses membres.

Dans ce corps, l'Eglise est le cœur qui fait tout vivre, l'Etat la tête qui dirige, les individus les membres qui agissent. Vouloir y décréter l'égalité parfaite de rôles et d'aptitudes pour les pieds, l'estomac, les oreilles, les mains et le nez, c'est vouloir l'impossible, l'absurde, la destruction du tout... et c'est, à peu de choses près, la logique des socialistes !

Objection particulière : les grandes sociétés par action. — Pour épuiser l'essentiel de mon sujet, il me reste, Messieurs, à vous parler très brièvement d'une objection que font quelques socialistes, objection qui n'a, du reste, à mon avis, qu'une minime portée. « N'avez-vous pas, disent-ils, dans votre société bourgeoise, comme des modèles en miniature de petits états socialistes, légalement constitués, avec les grandes sociétés par actions ? Là, le capital est bien en commun, les administrateurs sont omnipotents, les ouvriers y vivent par leur travail des revenus de ce capital, et combien seraient-ils plus heureux, si, comme nous le voulons pour le futur Etat collectiviste, tous les bénéfices étaient partagés intégralement entre tous les travailleurs, au lieu d'être réservés aux seuls actionnaires ! » — Je réponds : d'abord il ne peut être question ici que des grandes sociétés anonymes ; celles qui demeurent sous le contrôle de l'Etat et même du public, comme le P. L. M. par exemple — compagnie, au surplus, très bienveillante à son personnel — ne rentrent pas dans l'objection. — En second lieu, ces sociétés ne s'occupent nullement de tout régler dans la vie de leurs ouvriers, famille, religion, patrie, propriété, délassements même, comme prétend le faire le socialisme ; le seul point de contact est la question d'ordre et de salaire. — Enfin, Messieurs, ne craignons pas de reconnaître et de proclamer que lesdites sociétés peuvent très facilement devenir un danger pour le public, comme tout ce qui est puissance anonyme et insaisissable, par l'accumulation exagérée des capitaux, par des monopoles ruineux, par la tyrannie même qu'elles peuvent faire peser sur leur personnel. L'Etat a le droit et le devoir de les surveiller de très près, de limiter au besoin par des lois civiles et pénales leur influence et leur pouvoir. Ainsi a fait, aux Etats-Unis, l'éminent président Roosevelt qui n'a pas craint d'engager vaillamment une lutte victorieuse contre les organisateurs de trusts omnipotents. Les ouvriers eux-mêmes, ne reconnaissent-ils pas ce danger quand ils usent contre des compagnies intransigeantes de leur légitime droit de grève ? — Vous le voyez, cette objection, au lieu d'être en faveur du socialisme, se retourne bien plutôt contre lui.

III

Le socialisme en application. — Messieurs, j'espère avoir établi par des preuves nettes, la parfaite légitimité de la propriété individuelle, y compris la grande fortune, et répondu suffisamment aux plus spécieuses des objections socialistes. Laissez-moi, maintenant, vous montrer que l'application de leur doctrine aboutirait à une série d'injustices monstrueuses, comme à la plus effroyable des tyrannies.

Supposez arrivée, en France, à son dernier période la

transformation désirée, plus que cela, cherchée et préparée par les adeptes de la sociale. C'est bien; plus de pauvres, plus de riches, plus de propriétaires, tous parfaitement égaux et libres. Les délégués sont nommés au suffrage universel ; il y a bien eu, pour n'en point perdre l'habitude, quelques coups de couteau et même de revolver échangés entre citoyens ne s'entendant pas sur les candidats à élire; vous supposez pas, j'imagine, que les électeurs socialistes sont devenus, brusquement et sans transition, des modèles d'aménité ! Mais ce ne sont là que des détails; le Grand Etat Providence est constitué; tout est désormais à lui seul. Donc ce champ que vous avez fécondé avec amour, cette maison grande ou petite — ce sont les petites que l'on aime souvent le mieux — peu importe, où sont morts les ancêtres, qui a vu vos premiers sourires et vos premiers jeux d'enfants, ce coin du pays natal où chantent pour vous de si doux souvenirs, tout cela ne vous appartient plus : c'est à la collectivité. Ces meubles, vermoulus peut-être, mais qui ont servi à de nombreuses générations d'aïeux, ces tableaux, ces portraits de famille, ces mille petits objets, des riens mais des reliques, tout cela est à la collectivité; je crois même que les vêtements que vous avez sur vous — y compris la chemise — doivent être passés à l'épreuve du partage absolu : la justice sociale et l'égalité parfaite le veulent ainsi !

Le tirage au sort et le travail. — Maintenant, il faut travailler, si l'on veut manger, comme dit le proverbe. — On tire donc au sort les ouvriers pour les divers métiers ; et il le faut de toute nécessité; c'est du reste écrit dans le programme socialiste. Autrement, si l'on consultait les goûts de chacun, ce serait un gâchis sans issue. Qui donc aurait la compétence, l'impartialité, la patience même de s'occuper des aptitudes ? En outre, il est des services que pas un travailleur ne voudrait faire, sans se prétendre lésé dans ses droits légitimes ; personne, par exemple, ne voudrait être mineur : c'est ténèbreux là-bas; c'est humide et il y a le feu grisou ; personne ne voudrait être balayeur de rue ou vidangeur : c'est quelquefois un peu répugnant. — Bref, le sort en est jeté, le numéro sorti, et me voilà, moi, entre autres, qui ai surtout manœuvré la plume dans ma vie, me voilà devenu maçon, tandis que ce brave paysan à côté de moi, fort habile à tracer un sillon rectiligne, devient cordonnier. Il est vrai qu'avec de la patience et de l'exercice, on se fait à tout. — Je travaille donc consciencieusement et de mon mieux à manier truelle et mortier. Le soir on passe à la caisse, car la paye, pour plus d'uniformité, a lieu tous les jours. J'y vais avec une certaine curiosité, parce que j'ai remarqué un voisin, sorte de « tire-au-flanc », qui a gâché son travail, s'est montré d'une paresse scandaleuse et a obtenu néanmoins d'un délégué suspect le bon « certificateur ». Sera-t-il payé autant que moi ? J'ai la surprise de constater que oui ; l'égalité sociale le veut encore ainsi !

A la cantine. — A la cantine nationale, nouvelle surprise désagréable : la soupe n'a point de sel, le pain n'est pas assez cuit, tout est détestable. Le cuisinier improvisé n'entend rien à son métier. — Le lendemain, c'est le fonctionnaire chargé du partage qui a oublié une vingtaine de rations, chose très compréhensible : il y en a tant, et il faut que tout soit si parfaitement égal ! Les vingt derniers arrivés, ceux qui avaient travaillé le plus longtemps, attendront le repas de demain pour satisfaire leurs estomacs !

Et remarquez-le bien, Messieurs, pas moyen de protester d'une manière efficace ; il faudrait que la réclamation remonte par les multiples chemins d'une interminable et anonyme bureaucratie, jusqu'aux suprêmes délégués. Ces délégués, en effet, sont des omnipotents, complètement maîtres de tout jusqu'aux prochaines élections générales, même d'éliminer du régime culinaire national tout ce qui n'aura pas leur haute approbation. Supposez qu'un jour, — et c'est fort possible avec les anomalies du suffrage universel, — supposez qu'un jour l'Etat tombe entre les mains de ces farouches amis de la tempérance qui s'appellent légumistes ou végétariens, et voilà tous les citoyens condamnés, sans rémission, au régime de l'eau pure, des carottes et des épinards ! — Supposez encore une seule erreur de calcul au sommet de la machine collectiviste, et voilà tout un côté détraqué, toute une région manquant de vivres, exposée à mourir de faim. Aussi, après réflexion, je me promets bien de flâner dorénavant le plus possible, car après tout, le travail est pénible; et comme je sais mieux écrire que tenir la truelle, je finirai bien, moyennant promesses et quelques pièces glissées de la main à la main, par obtenir du délégué pour lequel j'ai voté, une place dans un bureau. Surtout, je quitterai mon travail des premiers, pour être sûr de mon souper.

Les résultats. — Le malheur c'est que d'autres mécontents — et, après quelques jours, ils sont déjà très nombreux — agissent comme moi, s'efforcent d'obtenir la même faveur de leur délégué respectif. Peut-on se refuser un service entre frères ? — et, vous savez, nous sommes tous frères — Résultat : au bout de quelque temps, il y a beaucoup de fonctions.... sans fonctionnaires ! — Mais voici qui est encore plus grave : nous commençons à faiblir dans la concurrence acharnée que nous font les industriels étrangers, nos débouchés commerciaux se ferment, le travail va nous manquer. Eux, ils ont continué à perfectionner leur outillage, à fabriquer de nouvelles machines, à améliorer le prix de revient ; nous, nous piétinons sur place, et là surtout, ne pas avancer, c'est reculer. Vous comprenez assez que nul citoyen n'a intérêt à se creuser la tête pour chercher, calculer, inventer. La plus belle trouvaille ne lui servirait de rien ; il n'aurait, en retour, ni rémunération, ni honneur d'aucune sorte ; la parfaite égalité le défend toujours.

Ainsi, il y a un ingénieur de mes anciens amis qui travaille à mettre du charbon dans les sacs, — tel est le métier que le sort lui a assigné. — C'est une intelligence puissante, un véritable génie. « J'ai fait plusieurs découvertes importantes, me disait-il avant-hier aux cantines nationales. Je viens de trouver, en particulier, un procédé que j'estime parfait pour la direction des ballons. Mais à quoi bon le dire aux délégués, ils ne me croiront pas, ou me répondront que dans la société nouvelle on n'a pas besoin de ballons dirigeables pas plus que la première République n'avait besoin de chimiste, qu'il est défendu aujourd'hui de monter, même en l'air, au-dessus des autres ! — Et puis, ajoutait-il avec tristesse, je n'ai ni le temps de perfectionner mes inventions, avec mes sacs à remplir, ni les moyens, ne possédant plus aucune ressource personnelle, ni même le désir, n'étant nullement encouragé. » — Car, Messieurs, la nouvelle société collectiviste, toute de justice absolue et de lumière sans ombre, ne reconnaît pas plus que les autres suprématies, la supériorité du talent. Elle a décrété d'office le retour à l'égalité de toutes les intelligences ; et comme évidemment les plus basses ne peuvent monter à la hauteur des plus élevées, c'est à celles-ci de s'incliner au niveau de celles-là, pour la plus grande satisfaction des idiots et des crétins ! — Et ne pouvons-nous point, par parenthèse, constater, dès aujourd'hui, que le sentiment qui domine en démagogie c'est l'horreur de toutes les supériorités ? Ecoutez ce qu'écrivait, récemment, un républicain radical, un pur, celui-là, M. H. Maret : « Les caractères, chez nous, s'en vont avec les talents. Ce qui s'échappe de la cohue, ce n'est plus l'écume, c'est la lie. Un front qui s'élève paraît extravagant à la foule des pieds plats... La Chambre nouvelle verra sans doute éliminer de son sein les quelques têtes hautes qui faisaient obstacle au général aplatissement, les démagogues pourront se réjouir en s'écriant : toutes les échines sont courbées, tous les fronts dans la boue ; enfin, nous avons la République ! » — Quel aveu ! Messieurs, et quel coup de massue au régime actuel, asséné par l'un d'eux ! Mais, fermons la parenthèse, et revenons à notre état socialisé. — Aussi la France qui, par le libre exercice de ses forces et de son génie, marchait toujours jadis la première dans la voie des inventions, la voilà qui descend très rapidement au-dessous des peuples les plus médiocres.

Les fêtes et divertissements. — D'autre part, les amusements et les saturnales qu'on nous offre, les délassements qu'on nous oblige à prendre chaque lundi, sont pour moi bien fastidieux et monotones. Pas de famille, pas de vrais amis, des visages indifférents sinon renfrognés, pas même de liberté dans l'emploi de mon temps ; que je m'ennuie ! — C'est, en effet, le lundi qu'on doit rire. Le dimanche, sentant trop son clérical, on en fait le « *dimaçoni* », et tous doivent travailler, ce jour-là, pour embêter ceux qui étaient jadis curés ! Quand les délégués nous gratifient de quelque réjouissance publique, ce ne sont évidemment pas les saints d'autrefois — ces « imbus de fanatisme » — que l'on célèbre. En petits-fils pleins de reconnaissance des Sans-

Culottes de la Révolution, ils ont rétabli les jours fériés inventés par ces ancêtres de génie qui avaient remplacé les noms des saints par ceux des animaux, des plantes et des instruments de travail. Ainsi, nous fêtons tour à tour avec solennité : la pomme de terre, la vache, la bêche, le cochon, le néflier et le potiron. Ces jours-là, par faveur gouvernementale, grande distribution de boissons alcooliques aux cantines, et comme un assez bon nombre de citoyens n'en usent pas, il s'ensuit pour les autres de vastes « soûleries » avec toutes leurs naturelles conséquences. Le soir, des bandes zigzaguent sur les routes, qui... sentent le vin, et hurlent, de leurs voix éraillées, la Carmagnole, le Ça ira, l'Internationale, refrains évidemment hors de saison, puisque nous possédons tous enfin la société rêvée ; mais on chante ce qu'on peut et ce qu'on sait. Comme le vin, s'il donne de la gaîté à quelques citoyens, en rend d'autres méchants, on se bat et on s'assomme dans certains quartiers... avec une touchante fraternité. Je trouve tout cela assez dégoûtant et même dangereux.

Le commencement... de la fin ! — Heureusement, à des symptômes non équivoques, je vois bientôt que cet état de choses ne durera guère. Plusieurs délégués, préposés à la garde des finances publiques, ont déjà levé le pied et filé en Belgique avec la caisse. L'irritation publique va grandissant. On chuchote même tout bas que l'empereur Guillaume, énervé d'entendre ses « socios » à lui, chanter continuellement les douceurs du nouveau régime français, et désireux, au reste, de mettre la main sur quelques-uns de nos plus riches départements, va venir nous faire tous Allemands. Cela lui sera très facile, il n'y a plus d'armée et l'on nous a défendu tout patriotisme, comme chose trop réactionnaire et démodée.

Essai de socialisme dans l'histoire. — En attendant, quand j'ai des loisirs, je lis, pour me distraire, et, de préférence, les livres qui me parlent des essais de socialisme tentés dans les âges précédents, afin de comparer, de voir leurs résultats et leur issue. — J'ai en particulier un ouvrage très intéressant et instructif sur ce point ; c'est l'« Histoire de la seconde République française » de Pierre de la Gorce. Je le dévore en cachette — si les délégués le savaient, il me serait vite confisqué ! — surtout le chapitre vi[e] du Livre Ier, intitulé « les Ateliers nationaux ». — Messieurs, si vous désirez juger par vous-mêmes et par des faits positifs, la manière dont peut fonctionner le socialisme en application, parcourez-le, ce chapitre; c'est un chef-d'œuvre. — J'y vois là, non sans un malin plaisir et une intime satisfaction, comment, en 1848, une autorité favorable aux socialistes, « impuissante à échapper aux principes qu'elle a proclamés et aux promesses qu'elle a consenties, imprévoyante dans ses résistances comme dans ses concessions, également incapable de fournir les solutions et de les ajourner, essaye en vain de faire halte sur le chemin des abîmes où ses fautes l'ont conduite »; j'y vois — cette fois avec tristesse — le pauvre peuple « ayant retenu la leçon de ses chefs, dédaigneux désormais de vaines paroles, avide d'action et implacable, fabriquer silencieusement la poudre ou les armes pour une nouvelle guerre servile »; j'y vois « la Répubiique préparant elle-même l'ostracisme de ceux qui l'ont fondée... les masses ouvrières traitées tour à tour avec une dureté qui les exaspère ou une faiblesse qui les enhardit, un problème social qu'on ne sait dénouer et qu'on n'ose trancher ; avec cela, le crédit ruiné, le numéraire qui se dérobe, les boutiques qui se ferment... en attendant l'inévitable péril de la guerre civile ! » Et pourtant, Messieurs, le gouvernement d'alors descendit jusqu'aux dernières concessions pour satisfaire les exigences de la populace ; il créa, en particulier, ces fameux « *ateliers nationaux* » où tous les travailleurs sans ressources devaient trouver un emploi suffisamment rémunérateur. Et afin que tout y soit réglé d'après les principes d'une sage administration, pour empêcher tout désordre, « la bureaucratie avait épuisé le luxe de ses règlements ».

Hélas, voulez-vous savoir l'aboutissement de tant d'efforts? Ecoutez encore La Gorce : « Les ouvriers parcouraient lentement les rues, portant sur l'épaule leur pioche, symbole du travail que, d'ailleurs, ils ne faisaient pas. Nonobstant les prétendus appels, ils arrivaient tard sur les chantiers et en repartaient tôt. Une fois arrivés, ils se mettaient à causer politique, à moins qu'ils n'aimassent mieux jouer au « loto » ou au « bouchon »; ils allaient boire sans payer chez les marchands de vin de la barrière, et y écoutaient les discours des agitateurs... Le désarroi financier était arrivé à son comble; toutes les règles établies pour prévenir les dilapidations étaient impudemment et ouvertement violées; les ouvriers signaient les uns pour les autres les feuilles d'émargement. Les brigadiers (chargés de surveiller le travail), parafaient souvent les livrets des absents et partageaient avec eux les profits... Ces brigadiers, recrutés par l'élection, favorisaient le trouble loin de l'apaiser ». Plus loin, il nous montre, en résumé: « les ateliers nationaux ne rendant à l'Etat qu'un produit dérisoire en dépit d'immenses sacrifices; les ouvriers honnêtes promptement circonvenus ou subjugués; l'oisiveté devenue une doctrine qui règne par la violence; quelques meneurs imposant à leurs camarades des lois tyranniques, et ceux-ci les imposant à leur tour à leurs patrons... bref, les ateliers nationaux formant, au point de vue industriel, une grève permanente et organisée à 170.000 fr. de perte par jour, soit 45 millions par an; au point de vue politique, un foyer actif de fermentation menaçante; au point de vue financier, une dilapidation quotidienne et flagrante; au point de vue moral, l'altération la plus évidente du caractère du travailleur ».

N'oubliez pas, Messieurs, que c'est un écrivain éminent, d'une impartialité reconnue par tous, d'une haute valeur morale qui nous dépeint ainsi ces lamentables essais de socialisme. — Après beaucoup de discordes, d'hésitation, de demi-mesures, le gouvernement fut acculé à ces terribles journées d'insurrection de juin, l'une des plus sanglantes guerres intestines qui aient jamais déchiré une nation, insurrection où seuls jetèrent une note consolatrice la vaillance de nos pauvres soldats, l'héroïsme de l'armée et du clergé, du général de Bréa et de Mgr Affre, tombés l'un et l'autre sous les balles des émeutiers, en voulant leur porter des paroles de conciliation et terminer cette lutte fratricide!

En fermant le livre, Messieurs, en me rappelant d'autres essais pitoyables, comme la mine aux mineurs de Saint-Etienne, ou la verrerie ouvrière d'Albi, et en réfléchissant sur ce qui se passe autour de moi, en voyant cette anarchie qui grandit en tache d'huile, par le haut et par le bas, je me dis que vraiment l'histoire n'est jamais qu'un perpétuel recommencement et que le malheureux peuple paye, hélas ! trop souvent de son bonheur et de son sang, sa crédulité à suivre les doctrines perverses des misérables qui l'ont séduit. — Mais à cause de tout cela, j'espère en la délivrance prochaine...

Conclusion : Anarchie et tyrannie générale. — Messieurs, je m'arrête dans cette description, prématurée, sans doute, mais parfaitement conforme au rêve collectiviste, de la future société qu'ils nous préparent. Le sujet est vaste ; on pourrait le poursuivre longtemps. — Cela suffit pour nous faire pressentir l'odieuse et accablante tyrannie qui pèserait sur les épaules du bon peuple de France le jour où ils deviendraient nos maîtres. — Eux, c'est vrai, en prennent joyeusement leur parti, de ces lugubres perspectives : ne seront-ils pas les plus forts ? Kausky se console en ces termes de la disparition du libre choix pour le travail : « L'absence de la liberté du travail, dit-il, perd dans l'association socialiste ce qu'elle a de pénible ; elle devient la base de la liberté la plus élevée dont la race humaine ait jamais pu jouir ! » Comprenne qui pourra cette phraséologie boursouflée ; nous, nous sommes en droit de repousser de toute notre énergie ce régime grotesque de travaux forcés, d'amusements forcés, de cuisine forcée, de repos forcé, en un mot : cette vie de galérien enchaîné à perpétuité. Vous voyez de là, Messieurs, cet esclavage physique et intellectuel, ces jalousies, ces haines fatales, et tout cet inimaginable galimatias. Les bêtes de somme que le bouvier mène paître dans les champs possèdent au moins la liberté de tondre telle touffe d'herbe qui leur convient ; cette liberté animale, le citoyen de l'Etat socialiste ne l'aurait même plus. Avec cela, point de motif de se résigner, d'attendre un âge meilleur, de garder, en fin de compte, cette chose si belle, si suave, si consolatrice qui se nomme l'espérance ! Il n'y a plus de Dieu, plus de religion, plus d'au-delà, plus de récompense future. Quand vous mourrez, on vous enfouira là-bas au coin de ce champ, tout à côté de votre chien.

Cet abaissement, cette matérialisation de toutes les facultés de l'individu, Messieurs, constitue la plaie inguérissable du socialisme contemporain. Ecoutez comment en parle un athée cependant notoire, un « presque-socialiste », M. Deherme, dans la « Coopération des idées », cette revue qu'il avait fondée pour devenir le porte-parole des universités populaires (encore une chimère qui s'est évanouie !) : « Non seulement, dit-il, le socialisme n'a apporté aucune solution à la crise morale, mais il n'a même pas su voir la gravité de cette crise. C'est de là que découle son incurable impuissance de reconstitution. Aux aspirations ignorées de notre âme, aux inquiétudes nobles de ce temps, au scepticisme, au doute, au dilettantisme, au pessimisme, il n'a répondu que par la promesse du pain quotidien. N'est-ce pas à en pleurer? Quoi, c'est à ce désidératum qu'ont abouti des siècles et des siècles d'efforts et de génie? Le néo-socialisme ne peut que donner un aliment à la désespérance. Le suicide de la grande socialiste anglaise, Mme Eléonor Aveling, la fille même de Karl Marx, nous montre par ce fait, l'incapacité du socialisme à prendre la direction des âmes. Il n'a pas compris l'homme; ... il a été l'expression plus ou moins exacte d'un moment ou d'une catégorie : il n'est pas l'idéal propulseur ». — Cela est aussi vrai que bien dit, car en fin finale, plus je les étudie, et plus je m'aperçois que pour les socialistes, pour la grande majorité des socialistes, la vie se réduit toute à une question de ventre ! — Je sais bien leur objection : On ne peut exiger d'un sac vide qu'il se tienne debout. — Je réponds : Oui, mais un sac, même plein, ne sera toujours qu'un sac.

Avenir du Socialisme

Trois motifs de crainte. — Messieurs, le socialisme dont j'ai essayé de vous montrer et de réfuter les subversives doctrines, il me reste à chercher avec vous quel avenir il peut nous réserver. Longtemps on a appelé *« le grand soir »*, le soir qui suivra l'établissement du collectivisme, et que le peuple passera dans l'allégresse et dans le vin. Le mot est resté malgré les vicissitudes de la doctrine, et nul travailleur socialiste ne doute aujourd'hui des saturnales prochaines que lui réserve le « grand soir ». Sera-t-il jamais ?

C'est ici le cas de répéter le mot du poète : « L'avenir n'est à personne, l'avenir est à Dieu seul », parce que seul il peut dire ce que sera demain.

Cependant, il est toujours possible d'envisager et de prévoir l'avenir d'après le mouvement des idées et la suite logique des événements. Or, Messieurs, beaucoup, et je suis de ceux-là, croient très sincèrement que nous marchons même assez vite en France, si la Providence ne nous arrête pas en route par quelque coup imprévu, et si tous les honnêtes gens ne s'unissent pas en un solide front de bataille, sinon au vrai socialisme, du moins à un bouleversement profond de la société actuelle, bouleversement dont il est difficile de déterminer la nature, mais qui sera dans le sens de l'anarchie. Et j'appuie cette opinion sur trois raisons principales.

1° Puissance et progrès du socialisme. — Tout d'abord, il serait inutile et dangereux de le nier, l'idée socialiste va s'enracinant de plus en plus dans les masses populaires ; elle commence même à se glisser, comme un poison subtil, dans nos bonnes campagnes. Vous avez entendu parler des grèves désastreuses d'ouvriers vignerons dans le midi ; cet été, il y a eu la grève des moissonneurs dans plusieurs départements du nord. Bref, un peu partout, le socialisme est en progrès. Et de bonne foi, Messieurs, comment ne pas reconnaître que cette marche en avant est dans la logique des choses ? que l'âme populaire est comme invinciblement attirée par ce mirage trompeur ? — On peut arracher à la multitude sa foi en nos sublimes mystères, son espoir en d'immortelles récompenses, sa patience dans le malheur, cette croyance qui fait moins amère et poétise la douleur en lui donnant un prix infini ; on n'extirpera jamais d'elle les racines des instincts grossiers qui se heurtent au fond du cœur de l'humanité. Ceux dont la vie est remplie de souffrances, de déceptions, qui se battent de près avec la misère et qui ne sont pas sincèrement chrétiens, ceux-là, comme le petit papillon fasciné qui vient brûler ses ailes à la flamme du soir tout en la maudissant, adopteront toujours volontiers cette théorie d'un Etat offrant à chacun le vivre et le couvert, d'un Etat qui pourvoit à la satisfaction de tous les besoins, règle et distribue le travail, un travail modéré, à tous les citoyens et fait à chacun sa juste part du travail commun. Quel plus séduisant tableau ? La société ressemblant à une grande ruche où chacun fait du miel dans les beaux jours, et, dans les mauvais, où il y a toujours du miel pour tous ! Le peuple est simpliste, Messieurs, il s'arrête aux grandes lignes, aux apparences ; il ne descend pas, non plus du reste que les théoriciens, aux détails pratiques, à la possibilité de la future organisation communautaire; il ne s'informe guère si, sous l'abondance de beurre qu'on lui promet, il pourra mettre un peu de pain !

Or, les meneurs connaissent bien cet état d'âme ; ils l'exploitent avec une singulière habileté. Plusieurs sont, du reste, très actifs, très intelligents et très laborieux ; quelques-uns même agissent en véritables apôtres, en propagateurs ardents, infatigables et convaincus de l'idée socialiste. —

Tant qu'il se perdait en de chimériques rêves communistes, le socialisme n'offrait pas un bien grave danger, et l'on pouvait employer contre lui, avec quelque succès, l'arme du ridicule. Ces jours-là sont passés. « Armés, suivant le mot de Lasalle, de toute la science de leur temps », les apôtres de l'idée socialiste ont pris corps à corps et ont mis en pièces les doctrines économiques des docteurs ès science rationalistes et incrédules, et cherché à bâtir, sur leurs ruines, un système mieux ordonné. Ces incrédules avaient enlevé au peuple la foi au véritable Evangile de la délivrance, en la religion du ciel ; les partisans de la nouvelle doctrine tentèrent de lui créer une religion purement matérielle, une foi en l'avenir terrestre d'une humanité délivrée de toute misère et débarrassée de toute inégalité.

Et en leur donnant le ciment de la haine et des convoitises ils sont parvenus à discipliner de redoutable façon leurs nombreux adeptes, les travailleurs embrigadés dans leurs syndicats. Les désordres, les grèves multiples, presque toujours sans cause économique sérieuse, qui éclatent un peu partout chez nous, en forment l'un des signes les plus inquiétants. — Il y a quelques années, le député socialiste Bebel montait à la tribune du parlement allemand et défiait le pouvoir en ces termes : « Nous avons des partisans là où vous ne les soupçonnez même pas, où la police ne pénétrera jamais... Vous ne briserez pas notre organisation. Il faudrait détruire les ateliers, les fabriques, les chemins de fer, la poste ; ce qui est impossible ». — L'armée collectiviste est donc organisée, et d'une manière internationale. Le nombre des socialistes militants s'élève en Europe et en Amérique à plusieurs millions. Autrefois, Messieurs, l'Europe était divisée en souverainetés indépenpendantes, séparées par des mœurs, des traditions et un esprit particulier. Au sein d'un même royaume, d'une province à l'autre, il y avait déjà des différences profondes de caractère et d'humeur qui assuraient à chaque pays sa physionomie particulière et son autonomie. Le péril de la contagion n'était pas à craindre et les tentatives de révolte étaient localisées. Il n'en est plus de même aujourd'hui. L'Europe forme un vaste champ sillonné par des voies larges et rapides ; la pensée et les hommes d'action ne rencontrent plus de frontières naturelles infranchissables. La vapeur et l'électricité couvrent le globe, et le soulèvement des ennemis de la propriété a ce caractère d'universalité qui fait sa force, qui le rend si menaçant pour l'ordre social sur tous les points de la terre.

Les instituteurs « curés du socialisme ». — Le mouvement devient encore plus redoutable chez nous, parce que cette marche en avant du socialisme est favorisée d'une manière plus ou moins sournoise, — pourquoi le taire ? — par la majorité des instituteurs de France, ceux que Thiers a si bien nommés : « les curés du socialisme ». — Ouvrez le « Bulletin des Amicales », leur journal de corps, auquel presque tous sont abonnés, vous y trouverez maintes professions de foi collectivistes, pire que cela, nettement antipatriotiques. Je tire de l'un d'eux cette déclaration : « C'est à nous, instituteurs, qu'il appartient, d'arracher le peuple aux griffes monstrueuses de l'ogre militariste et capitaliste. Notre devoir est de démolir cette bastille d'iniquité qui se nomme la paix armée, qui pèse sur nos épaules, au-dessus de laquelle plane le vol sinistre des corbeaux et des vautours. » Le 11 octobre 1903, à la demande d'un grand nombre d'instituteurs, une revue pédagogique, la « Revue de l'enseignement primaire », publiait les paroles et la musique de l'Internationale, afin que cet abominable chant collectiviste-révolutionnaire pût être enseigné par les maîtres à leurs élèves ! Et vous savez qu'un ancien ministre, non suspect de cléricalisme, M. Goblet, vient de jeter un cri d'alarme retentissant dans une préface écrite pour un livre qu'on a pu justement intituler : « *La crise du patriotisme à l'école !* » Quelles générations vont donc grandir avec de pareilles doctrines ? (1) — Du moins, à la grande Révolution, il y avait, même chez les plus sanguinaires jacobins, un patriotisme ardent ; et le patriotisme, Messieurs, cet amour, pour nous, de la patrie française, le plus beau des pays du monde, où la nature est riche, clé-

---

(1) Le résultat de ces doctrines est déjà tangible : avec le développement de l'enseignement laïque, la criminalité de l'enfance et de la jeunesse s'est accrue en d'énormes proportions. Un juge d'instruction, incrédule cependant, M. Guyot, a pu écrire ces suggestives paroles : « *Il ne peut échapper à aucun homme sincère, quelles que soient ses opinions, que l'effrayante augmentation de la criminalité chez les jeunes gens a coïncidé avec les changements apportés dans l'enseignement public.* »

mente et magnifique comme nulle part, où les hommes de notre race, parlant notre langue, peuvent vivre fiers et indépendants, l'amour de la patrie française, de cette terre féconde arrosée du sang de nos pères, illustrée par le génie de nos aïeux, où dorment nos morts bien aimés, de cet unique héritage de vaillance, d'honneur et de gloire, quand il reprend, dans les âmes, sa place légitime, fait vite se serrer même les mains les plus ennemies. C'est une chaleur morale qui peut redonner la vie à tout le grand corps national, fût-il très malade, car en lui se résume vraiment ce qu'il y a de plus sain, de plus fort, de plus élevé dans l'âme du citoyen. Cette foi en la Patrie est la condition même de l'existence d'un peuple. Je vous ai dit ce que le vrai socialisme en fait aujourd'hui. — Ajoutons : le socialisme français ; car, dans les autres pays, leurs coreligionnaires sont des patriotes convaincus. Le socialiste Wollmar disait récemment à la chambre des députés de Bavière, aux applaudissement unanimes de l'assemblée : « Lorsqu'il s'agira de défendre la patrie, nos socialistes seront les meilleurs soldats de l'armée allemande. » — Et vous connaissez peut-être aussi cet incident bien significatif de la chambre des députés à Berlin. Comme l'orateur, le socialiste Bebel, protestait à la tribune de ses sentiments nationaux, le ministre de la guerre l'interrompt en disant : « Comment puis-je vous croire, vous qui parlez d'organiser la grève des réservistes en temps de guerre ? » Et le vieux Bebel de riposter avec véhémence : **« Cela, jamais ! Est-ce que par hasard vous nous prendriez pour des socialistes français ? »** — Quelle cinglante leçon pour les nôtres, Messieurs, s'ils étaient capables de le comprendre ! — Mais que de choses ont donc pâli et se sont éclipsées dans l'âme française, qui n'auraient jamais dû pâlir ni s'éclipser !

2° Faiblesse et connivence du gouvernement. — La deuxième raison de craindre, pourquoi ne pas le dire aussi, c'est que l'Etat, le gouvernement, par crainte, par faiblesse ou par connivence, peu importe, loin de combattre les théories collectivistes, a souvent tout l'air de les favoriser. Comment voulez-vous que les ouvriers croient avec sincérité à l'indignation des républicains au pouvoir devant leurs revendications les plus violentes, lorsqu'ils voient ceux-ci s'entendre presque toujours avec les représentants socialistes à la Chambre pour gouverner ? Des ministres ont tellement répété et répètent encore : « nous n'avons aucun ennemi à gauche », ce qui veut dire, en clair langage : les communards incendiaires et assassins de 1871, les antimilitaristes les plus forcenés, les fauteurs de grèves et les théoriciens de l'anarchie, dont plusieurs siègent à l'extrême-gauche, ne sont pas nos ennemis, que les ouvriers ne peuvent plus s'imaginer logiquement que leurs doctrines révolutionnaires sont désavouées en haut lieu. Ainsi, comment prendre très au sérieux les airs effarouchés de nos ministres devant les criminelles théories d'Hervé, quand on voit cet homme sinistre, après sa condamnation à quatre ans de prison, faire en somme le pied de nez aux juges, continuer plus qu'auparavant, avec tout le prestige que lui a donné son retentissant procès, de répandre son poison d'antipatriotisme, d'aboyer en furieux après l'armée, sous l'œil bénévole des autorités (1) ?

Et puis, Messieurs, quand on réfléchit sérieusement, les doctrines des socialistes antipatriotes sont-elles à ce point au dehors de la logique qui a réglé longtemps, qui règle encore l'action gouvernementale ? — Au procès des antimilitaristes, Georges Yvetot a déclaré « que le patriotisme n'a pas de sens pour les prolétaires. Qui dit patrie, dit patrimoine, a-t-il ajouté. L'ouvrier n'ayant pas de patrimoine n'a pas de patrie. » Et l'un de ses camarades, de compléter ainsi sa pensée : « L'ouvrier n'a absolument rien à gagner de marcher à la frontière. Il risque même d'y perdre sa seule propriété, c'est-à-dire sa peau ! » Je serais curieux de savoir au nom de quels principes — des leurs j'entends — nos blocards, qui se targuent à l'occasion d'un si violent amour de la patrie, pourraient bien répondre à ces arguments-là. Du moins, autrefois, il y avait pour chacun et pour tous un

(1) Les antimilitaristes condamnés viennent enfin d'être arrêtés, après plus de cinq semaines de liberté. Certes, personne ne doit se réjouir de voir emprisonner qui que ce soit. Mais nous avons bien le droit de faire constater, une fois de plus, cette... *inégalité* dans la justice distributive des peines entre les anarchistes susnommés qui ont joui de beaux et scandaleux loisirs, et les défenseurs de la propriété dans les Eglises qui, à peine introduits devant le juge, étaient incarcérés sans ménagement ni délai.

patrimoine moral fait de tout ce qui constitue l'âme de la vraie France ; mais aujourd'hui qu'on s'acharne à détruire nos plus pures traditions nationales, qu'on ne veut plus reconnaître ni enseigner nos grandeurs passées, qu'on s'efforce de remplacer tout cela par les louanges des assassinats et des saturnales révolutionnaires, aujourd'hui qu'on s'applique à tuer toute idée de sacrifice, tout but relevé, tout véritable honneur, toute religion, tout culte autre que celui du sensualisme et de l'argent, qu'en reste-t-il donc de ce glorieux et commun patrimoine ? S'imagine-t-on que les grands et vains mots de solidarité, de morale laïque, de progrès indéfinis, d'ère nouvelle, de devoirs civiques, peuvent donner un aliment bien substantiel aux instincts populaires, et vont suffire à étager solidement le dogme de la patrie ? — Non, non, et à tous les politiciens sectaires qui regardent effrayés la marée montante de l'antipatriotisme de faire sur eux seuls leur plus fort « meâ culpâ » (1).

Et les instituteurs, gens intelligents pour la plupart, peuvent-ils vraiment se croire obligés d'enseigner à leurs élèves le devoir patriotique, — absolument corrélatif du devoir social, — alors que dans les manuels officiels, ceux imposés par le ministre de l'instruction publique, on a exclu avec soin non seulement toute notion chrétienne et même religieuse, mais aussi toute véritable idée patriotique, rayé tous les exemples, toutes les pensées, tous les mots qui élèvent les cœurs, qui déposent un germe de grandeur, de dévouement, de croyance ou d'idéal dans l'âme de l'enfant ? En voulez-vous quelques échantillons frappants ? — Dans la

---

(1) Du reste, comment ne pas répondre à tous nos républicains de gauche qui commencent à prendre sérieusement peur du socialisme — et ils deviennent de plus en plus nombreux — comment ne pas répondre par le célèbre et très logique passage du discours de Jaurès, en décembre 1893 : « ... Vous avez proclamé que la raison seule suffisait à tous les hommes pour la conduite de la vie. Vous avez arraché le peuple à la tutelle de l'Eglise et de ses dogmes. Vous avez interrompu **la vieille chanson** qui berçait la misère humaine, et la misère humaine s'est réveillée avec des cris, elle s'est dressée devant vous. Vous avez arrêté ce rayonnement religieux, et vous avez concentré dans les revendications sociales tout le feu de la pensée, toute l'ardeur du désir. C'est vous qui avez élevé la température révolutionnaire du prolétariat ; **et si vous vous épouvantez aujourd'hui, c'est devant votre œuvre !** » — Ne savent-ils pas que, dans ces matières-là, selon le dicton populaire, « un pur trouve toujours un plus pur qui l'épure » ?

nouvelle édition de la vieille grammaire Larive et Fleury, au lieu de « l'âme est immortelle » qu'on lisait autrefois, on lit maintenant « l'âne est patient », « autel » est devenu « hôtel », « l'industrie » a remplacé le mot si consolateur de « Providence ». Les termes « curé », « missionnaire » sont supprimés, comme un indice qu'il faut absolument supprimer la chose ; quant à la phrase « Dieu qui a créé le monde », on lui a substitué « le soleil qui éclaire la terre ». Les éditeurs et les auteurs sont en train « d'expurger » leurs ouvrages scolaires pour donner satisfaction aux meneurs de l'internationalisme et de la libre-pensée. Ainsi, l'un d'eux vient de rayer de son Histoire de France le touchant récit et l'image de la mort de Bayard. Un autre corrige tout simplement La Fontaine ! Dans la jolie fable : « le Pêcheur et le Petit Poisson », au lieu de : « Petit poisson deviendra grand — pourvu que *Dieu* lui prête vie », on peut lire la poétique variante qui suit « ... pourvu que *l'on* lui prête vie » ! — Cette phrase de Chateaubriand : « Le premier chantre de la création entonne un hymne à l'*Eternel* », est ainsi modifiée : « Le premier chantre de la création entonne ses hymnes *mélodieux* ». Le titre de la poésie de Chênedollé : *Les religieux du Mont Saint-Bernard* est remplacé par : *Les chiens du Mont Saint-Bernard !* — Je pourrais continuer mes citations longtemps. Quant aux morceaux vraiment trop difficiles à *laïciser*, ils ont été complètement supprimés (1). — Quelle honte pour nous, Messieurs, et quelle différence entre ce sectarisme imbécile et la calme fierté des nations voisines où l'idée de Dieu, de la religion, du devoir, remplit tous les manuels ! En Angleterre, ces manuels disent, entre autres choses : « ... sois remercié, Seigneur, toi qui nous a exaltés au-dessus des nations !..... Aucun peuple ne s'est élevé à la grandeur

---

(1) Il paraît même que ces mesures ne sont rien à côté de ce que l'on veut faire et des programmes que l'on nous prépare. Les authentiques paroles suivantes du F.·. Geyer, au convent de 1898, nous renseignent quelque peu sur ce point : « *Le jour où l'Etat qui, aujourd'hui, est obligé de faire des concessions pour s'amener des élèves, pourra, dans sa libre indépendance, faire de nouveaux programmes de libre-pensée, ce jour-là le monopole de l'Etat sera laïque...* **Comme l'Etat c'est nous**, l'Etat sera républicain, et **nous, maçons, nous imposerons ces réformes** » ! — Parents français et chrétiens, méditez bien cette menace !

sans la discipline de la guerre..... Dans ce monde, il n'y a pas d'autre moyen que la guerre de trancher une sérieuse querelle internationale..... Qu'il ait tort ou raison, c'est mon pays ! » — En Allemagne, les ouvrages scolaires sont encore plus instructifs. — On y lit : « Le rôle du peuple allemand est de rester, parmi les nations, le gardien de la discipline et de la morale, de la justice et du dévoûment, de la poésie et de la science, de la croyance chrétienne en sa magnificence victorieuse du monde... L'Allemagne est vraiment le cœur de l'Europe... Tout ce que la France a de bon, elle le doit à la race germanique... La France est toute en l'Ile-de-France, ferment de pourriture qui a réussi lentement à corrompre le reste... L'histoire, dans son irrésistible tourbillon, brise et dévore sans pitié les nations qui n'ont pas la dureté de l'acier et aussi sa souplesse... La liberté allemande, le cœur allemand, la foi allemande, l'acier allemand, voilà nos quatre héros ! » — Sommes-nous assez loin, Messieurs, chez nous, de l'idéal qui chante sous ces patriotiques accents, et nos gouvernants ont-ils souvent de ces nobles idées pour mobiles de leurs actes ? hélas ! trois fois hélas !

S'il ne s'agissait encore que de sympathies plus ou moins déguisées de l'Etat pour les doctrines, d'égards plus ou moins sincères pour les hommes du parti socialiste ; et s'il avait l'énergie nécessaire pour leur imposer partout et toujours le respect de la loi ! — La « **loâ** », tous les sectaires gouvernementaux s'en montrent les adorateurs idolâtres et hypocrites, ils se prosternent à genoux devant elle quand il s'agit de l'appliquer aux catholiques, fût-elle spoliatrice des droits les plus inviolables de la conscience et de la liberté — et vous savez avec quelle révoltante brutalité ils l'appliquent, au besoin.— Tout à côté, regardez donc leur manière de faire pour messieurs les socialistes. Ceux-ci, dans leurs processions et manifestations publiques, faites surtout « d'apaches » et de « voyous », processions toujours permises même là où celles des catholiques sont sévèrement prohibées, ceux-ci déploient sans aucun emblême et impunément le drapeau rouge : **c'est contre la loi.**

Leurs Bourses du travail n'ont à s'occuper que de questions économiques. Or, ils n'y font guère que de la politique et de l'antimilitarisme : **c'est contre la loi.**

Il ne passe presque point de dimanche, presque pas de jour, où les disciples et amis d'Hervé ne s'efforcent, dans quelques réunions, de propager leurs sacrilèges théories de l'antipatriotisme : **c'est contre la loi.**

Quand les inscrits maritimes de Marseille ont quitté leurs navires, suspendu la navigation, coupé nos relations avec l'Algérie et la Corse, **c'était contre la loi**, car la loi en main — ils auraient dû être jugés et condamnés comme déserteurs.

Dans la plupart des grèves, les ouvriers du syndicat jaune réclament en vain la protection des autorités. Les « **rouges** », par leurs menaces, leurs violences et leurs coups les empêchent presque toujours de travailler : **c'est contre la loi.**

Tous ces milliers de fonctionnaires qui viennent de mettre en demeure le gouvernement avec d'insolentes menaces, de leur octroyer, avant telle date, le droit de se syndiquer, ont agi **contre la loi.**

Dans plusieurs départements, les instituteurs ont déjà transformé leurs amicales en syndicats : **c'est contre la loi.**

Nous pourrions continuer longtemps cette éloquente nomenclature des viols effrénés de la loi, devant l'apathie gouvernementale. Toute la tradition historique des socialistes est faite de révoltes contre la loi. Messieurs, c'est encore là un point sur lequel il faut insister en public, que nous devons souligner avec force devant tous nos concitoyens. Vous, en particulier, jeunes gens, catholiques et libéraux sincères, qui montez plein d'espoir vers l'avenir et qui en avez assez d'être traités en parias, dans votre pays, par une oligarchie de sectaires, ne cessez pas de réclamer devant tous et pour tous la justice, le droit, l'égalité de la loi, et souvenez-vous qu'en certains cas, selon un mot célèbre, la liberté « on ne la demande pas, on la prend »!

Comme conséquence et comme récompense — ou pour dire comme châtiment — de cette faiblesse de l'Etat envers lui, tout le clan socialiste applaudit avec transport à chaque acte gouvernemental qui peut favoriser la propagation de sa doctrine. Ils ont applaudi furieusement à l'ignoble besogne du général André, installant au ministère de la guerre une officine de délation ; cela faisait bien leur affaire et jetait une déconsidération, au moins momentanée, sur leur grande ennemie, l'armée. — Ils ont applaudi surtout la mainmise gouvernementale sur les biens des congrégations, mainmise qui ne peut se qualifier que de l'épithète qu'on donne à ceux qui volent : c'était d'un excellent exemple pour les expropriations futures. Et ils vont battre des mains avec plus d'enthousiasme encore aux suites que nous prépare la séparation de l'Eglise et de l'Etat, nouvelle et grave atteinte au droit de propriété. — Pour tout dire d'un mot, Messieurs, le gouvernement, chez nous, penche de plus en plus vers le socialisme, sinon vers l'anarchie, et vous savez que l'arbre tombe toujours du côté où il est incliné.

3° Affaiblissement de l'idée religieuse. — Le troisième motif d'inquiétude, c'est que la religion catholique — qui fait d'immenses progrès chez toutes les autres nations — l'idée religieuse elle-même, se retirent peu à peu chez nous, non pas des sommets de la société et de l'élite intellectuelle où elle gagne au contraire un terrain assez considérable (je pourrais vous citer de beaux exemples), mais de l'âme du peuple, à mesure précisément des progrès du socialisme. Et comment pourrait-il en être autrement ? Ils n'ont, la plupart du temps, ces pauvres égarés, et ne veulent avoir, pour se nourrir l'esprit, que des journaux et des brochures où la mauvaise foi le dispute aux calomnies les plus éhontées. Et puis, le peuple français, plus que tout autre, par tradition et par tempérament, est accoutumé à régler d'instinct sa pensée et sa ligne de conduite sur le modèle de l'Etat ; et vous savez assez qu'en France l'Etat est, aujourd'hui, essentiellement anticatholique, antireligieux et **franc-maçon** (1), que toute sa politique a consisté pendant long-

---

(1) Sans doute, aujourd'hui, selon le mot de l'honorable M. Aynard, « l'air est devenu plus respirable » que sous le régime Combes et Cie. Nos ministres s'occupent avec loyauté et énergie de « renflouer » la marine, et de relever l'armée de l'état désastreux — état reconnu et constaté par les blocards eux-mêmes — où l'avait laissée André « *l'inqualifiable* » comme on l'a nommé. Cela est vite devenu une question de vie ou de mort pour eux comme pour la France, devant les brutales menaces de l'étranger. Mais l'Etat en demeure-t-il, pour cela, moins courbé sous la férule de la franc-maçonnerie ? — Il n'y paraît guère. Or, toute l'importance de la question politique, chez nous, et une bonne part de la question sociale sont là.

Quand on pense que la secte maudite a pu, dans notre pays de France, devenir à ce point dominante qu'elle a maintenu pendant plus de quatre

temps, selon l'élégante expression d'un ministre « à serrer la vis » aux catholiques !

Or, Messieurs, au fond de toute question sociale se dresse la question religieuse, et comme l'a dit Léon XIII : « le problème qui s'agite est d'une nature telle, qu'à moins de faire appel à la religion et à l'Eglise, il est impossible de lui trouver jamais une solution efficace. » — L'histoire confirma partout et toujours ces profondes paroles. Le Play dans son livre magistral des « *Ouvriers européens* » a montré de lumineuse et saisissante façon que ce sont les Etats, les familles et les individus qui respectent le mieux le décalogue qui sont aussi les plus heureux, les mieux assurés du lendemain. Là, au contraire, où le décalogue est oublié, la division des

---

ans au pouvoir un *ministre de la guerre* — et je ne parle pas des autres — dont la principale occupation était de faire inscrire les officiers français sur deux registres : l'un appelé « *Carthage* », qui contenait les noms des catholiques, cotés de 0 à 10 — de très mauvaises notes — et pour lesquels il n'y avait plus ni justice, ni réclamation possible, ni avancement; l'autre, du nom de « *Corinthe* », où figuraient les officiers F.·. M.·. libres-penseurs, *cotés de 10 à 20*, pour lesquels étaient réservées toutes les faveurs, cela sous l'œil bénévole du Président de la République lui-même — qui donc aurait, en effet, la naïveté de croire qu'à l'Elysée on ait pu ignorer si longtemps une... manœuvre de cette importance ? — cela, encore, sans appel, sans contrôle, au hasard de rapports anonymes de basse police, dressés par les francs-maçons mouchards; quand on songe qu'il a fallu la révélation providentielle des fiches — car, pour moi, cette révélation est un effet de la Providence, et montre que Dieu protège toujours et malgré tout notre pays — pour faire s'écrouler ce ministère dans la boue de la délation, pour le forcer à s'enfuir sous les huées du public écœuré, quand on pense à tout cela, dis-je, ce serait à ne pas y croire, si les faits n'étaient là évidents, et l'on se demande avec stupeur de quelle infernale puissance dispose donc la Franc-Maçonnerie, et quel aurait été enfin le sort de la France, avec quelques années de ce régime en plus.

Mais l'on n'a pas assez remarqué combien vite la F.·. M.·. s'est remise de ce coup qui aurait suffi à tuer aussitôt n'importe quelle autre institution moins diabolique. — Au premier moment, elle fut tout abasourdie de se voir ainsi prise en flagrant délit **d'espionnage** et de **mouchardise** éhontée. De retentissantes démissions se produisirent de tous côtés ; car, comme dit le proverbe : « *C'est quand le navire fait eau que les rats se sauvent* ». Le mouvement de panique ne fut pas de longue durée ; les rats revinrent vite au navire, ou furent remplacés par d'autres : il paraît que les vivres y sont bons ! — Dans la séance de la Chambre du 1er décembre 1904, le F.·. Lafferre, président du Conseil de l'Ordre, revendiqua hautement pour la Franc-Maçonnerie la responsabilité des fiches et fit l'apologie du F.·. Vadecard et de tout le système de la délation. C'était passablement cynique, mais très crâne tout de même. Depuis, l'abominable secte s'est remise sans bruit en mouvement, s'appuyant toujours sur le Socialisme, dans sa marche *lente* et *sûre* vers la déchristianisation entière de la France, son but final et unique... jusqu'à ce qu'enfin Français et Catholiques se redressent et l'abattent en un sursaut de dégoût, ou que notre infortunée patrie achève de mourir sous leurs coups !

classes, les troubles, la décadence, le déshonneur et la misère ne tardent pas à suivre comme un châtiment. — Il y aurait même un livre à composer, qui ne manquerait ni de piquant ni d'intérêt, pour établir que lorsque les socialistes ont voulu faire quelque chose de sensé et de pratique pour le peuple, ils ont toujours été obligés de puiser dans les programmes des économistes catholiques. — Seule, en effet, l'Eglise peut tracer avec pleine compétence leurs devoirs à l'ouvrier et au patron, au riche et au pauvre ; seule elle a le dévouement désintéressé nécessaire, étant pour ainsi dire en marge de la question, pour y travailler sans relâche et avec efficacité. Au riche, elle défend l'avidité trop grande du gain, « l'usure vorace » selon le mot de l'Encyclique ; elle lui dit que la propriété n'est pas le droit « d'user et d'abuser », ainsi que l'entendait la vieille législation romaine ; qu'elle a des charges et des devoirs rigoureux ; que l'ouvrier ne doit pas être considéré comme un instrument de lucre qu'on apprécie en raison de la vigueur de ses bras ; qu'il faut respecter son âme, sa conscience et sa dignité d'homme ; que spéculer sur l'indigence, exploiter la misère est un crime qui crie vengeance au ciel ; que porter, par exemple, atteinte au repos du dimanche, c'est devenir un homicide de l'âme populaire ; que la charité, en certaines occasions, peut devenir d'obligation stricte, et que toujours l'aumône est l'œuvre la plus agréable aux yeux de Dieu. — Et à l'ouvrier, elle vient prêcher la modération et la tempérance, la modestie et la prévoyance, les bonnes habitudes de l'âme et du corps, sans lesquelles les besoins factices croissent toujours au delà des ressources et finalement engendrent la misère ; elle lui dit que cette nature, dont il se réclame avec tant de véhémence, n'est pas du tout collectiviste ; qu'il existe des montagnes et des vallées, des pays chauds et des zones glacées, des hommes à la puissante intelligence et des hommes à l'esprit borné, des grands et des petits, des forts et des faibles ; qu'il faut accepter ce que la nature elle-même a fait, et qu'il y aura toujours, quoi qu'on fasse, des pauvres et des riches.

Et à tous, au patron comme à l'ouvrier, elle demande de compléter le principe sévère de la justice par la bienveillance, le dévouement réciproque, l'entente féconde, la véritable mutualité évangélique ; en un mot, de jeter sur toutes les misères d'ici bas les nobles consolations de la patience et les fleurs de la charité. — Elle dit enfin que l'âme ne vit pas seulement d'appétit matérialiste, qu'elle est aussi affamée de Dieu et de l'idéal; que pour punir toute injustice, pour récompenser tout sacrifice, public ou secret, il y a, il faut qu'il y ait les immortelles et sublimes récompenses de l'au-delà.

Impossibilité du règne collectiviste. — De toutes ces raisons, faut-il déduire pourtant, Messieurs, qu'un jour ou l'autre, nous arriverons à l'application complète de la doctrine socialiste? — Non, je ne le crois pas. Je ne le crois pas, parce que les quelques conséquences énoncées plus haut entraînent avec elles une suite d'impossibilités telles qu'on ne les franchira jamais, du moins pour longtemps. Je ne le crois pas, parce que malgré tout, le peuple français, dans son fond, reste le peuple du bon sens, de la droiture par excellence, et que tout cela est trop cyniquement foulé aux pieds dans l'hypothèse socialiste. Beaucoup se disent collectivistes qui ne savent trop ce que c'est, et qui sont, tout de même, de braves gens raisonnables, ennemis d'instinct des exagérations évidentes. Je ne le crois pas, parce que nous assistons aujourd'hui à un réveil certain de l'opinion publique, d'autant plus durable, je l'espère, qu'il aura été plus lent à se produire. Beaucoup de gens, et de tous les partis, commencent à se lasser, pour de bon, d'être conduits aux abîmes par une poignée de tartuffes Jacobins qui font du socialisme uniquement par intérêt personnel, ou pour satisfaire les basses rancunes de l'infâme secte maçonnique. — Je ne le crois pas surtout parce que, si les ouvriers des villes se laissent facilement persuader, n'ayant, en apparence, rien à perdre et tout à gagner au nouveau régime, il n'en est pas de même des paysans qui forment toujours la majorité de la population. Si le socialisme a déjà, comme je vous l'ai dit, agi sur certains de nos ruraux, — il possède à première vue, une si singulière puissance d'attraction! — la grande partie est restée et restera rebelle à cette doctrine d'anarchie. Le paysan français fut toujours l'homme laborieux et économe entre tous, avide d'avoir du bien et surtout de le garder. Grâce à son labeur séculaire, on pourrait presque appeler la France un pays de capitalistes, puisqu'elle compte près de dix millions de moyens et petits propriétaires ; nulle part ailleurs vous ne retrouverez une telle proportion. Et si jamais les meneurs politiciens avaient finalement le dessus, je crois bien que nos paysans français feraient comme leurs pères envers les arpenteurs des communistes de 1848 qui venaient mesurer leurs champs pour le partage prochain : ils prendraient leurs fusils !

CONCLUSION

Et maintenant, Messieurs, quelles conclusions pratiques donner à cette modeste et trop longue conférence que je vous remercie d'avoir écoutée et même applaudie, avec tant d'indulgente sympathie ? — Je vois que mes calculs sur votre somme de patience à chacun étaient parfaitement exacts.

Amour et pitié pour la foule. — En premier lieu, pour la multitude des bons travailleurs et des vaillants ouvriers qui se disent socialistes, beaucoup de condescendance, de largeur d'idées, de généreuse charité ; beaucoup d'études et beaucoup d'efforts pour les mieux éclairer ; ils souffrent et ils sont trompés : double raison pour les aimer, avoir pitié d'eux et leur faire du bien. — Aux convaincus sincères qui viendront vous dire : Nous voulons vraiment, en l'élevant par des moyens économiques, améliorer le sort des malheureux et des pauvres ; nous voulons mettre un peu plus de proportion et de justice dans les biens d'ici-bas ; nous voulons, par une sage organisation, par l'élévation des salaires, par la création de caisses de secours et de prévoyance, par des efforts sérieux en vue d'assurer la stabilité du travail, défendre le peuple contre les hasards redoutables et les sévérités de la vie, éclairer surtout, d'un rayon d'espoir, la sourde et profonde angoisse qui tourmente et ulcère l'âme du vieil et bon ouvrier devenu, après quarante ans de rude labeur, la proie de l'extrême misère; nous voulons, en un mot, sur cette terre plus de bonheur et moins de souffrances; à ceux-là, Messieurs, tendez une main loyale et répondez aussitôt: Nous sommes de tout cœur avec vous. — Du reste, ce que vous nous dites là n'est point nouveau. Quelqu'un, depuis longtemps, a prononcé des paroles semblables, plus belles encore et s'est efforcé de les réaliser. C'est le Christ et c'est l'Eglise. Votre théorie n'est en somme qu'un plagiat de l'Evangile. Oui, voilà bientôt dix-neuf siècles que Jésus a fait entendre la divine parole de miséricorde qui retentissait pour la première fois à travers l'humanité: « *misereor super turbam ;* j'ai pitié de la multitude »; dix-neuf siècles qu'il a remplacé par la loi d'amour la dure loi de haine qui domine tout le monde païen; dix-neuf siècles qu'il a donné la véritable solution à toute question sociale en ordonnant au riche et au pauvre, au patron et à l'ouvrier de s'aimer les uns les autres, se souvenant qu'ils ont même origine, même nature, même destinée et un seul vrai maître, le Père qui est aux cieux. — Et voilà le même nombre de siècles aussi que l'Eglise tâche de mettre ces sublimes préceptes en pratique par son inlassable et universelle charité. — Nous sommes avec vous, à condition que vous respectiez le droit sacré et inaliénable de la propriété, que la liberté d'autrui vous sera aussi chère que votre liberté à vous, et que cette évolution vers le mieux physique de la vie humaine ne nuira pas à l'amélioration morale, condition première du bonheur des peuples et des individus. — Oui, Messieurs, vous serez tous avec eux; plus encore, vous revendiquerez fièrement pour vous le droit et l'honneur de soulager, dans la mesure du possible, aussi bien et mieux qu'eux tous, chaque misère rencontrée sur votre chemin, le droit et l'honneur de réclamer toute réforme sociale basée sur la justice et la liberté. Cela, ce n'est pas du tout être socialiste, ce n'est pas faire de la démocratie populacière et malsaine; c'est le vrai progrès chrétien pour lequel l'Eglise a toujours réservé ses meilleures bénédictions.

Combattre à outrance les meneurs. — Mais devant les meneurs socialistes, politiciens ou commis-voyageurs de grèves, devant tous ces harangueurs de clubs électoraux ou d'estaminets, aux paroles aussi creuses que ronflantes, qui promettent l'âge d'or futur, à condition que les bonnes gens qui les écoutent commencent par les investir dès aujourd'hui d'un mandat politique, dressez-vous sans peur, vous surtout les jeunes gens! — « Allez au peuple avec audace, disait un jour M. de Mun aux étudiants de Louvain qui applaudissaient avec enthousiasme. La jeunesse n'ose pas assez; elle peut vaincre tous les obstacles, mais à la condition de vouloir. » — Nous sommes en un temps où il ne faut plus d'équivoque, où il ne sied plus de ménager certaines susceptibilités ombrageuses et de taire la vérité. — Le mal, aujourd'hui, Messieurs, est fait surtout de la hardiesse des scélérats et de la pleutrerie des autres. — Ils viennent au peuple avec les grands mots de liberté, d'égalité et de fraternité nouvelles : réfutez leurs utopies; je vous ai montré, je crois, que c'était chose facile. Prouvez à vos auditeurs que la solution socialiste serait tout d'abord contraire aux intérêts mêmes de l'ouvrier; mais surtout répondez du tac au tac.

Leur « liberté ». — La liberté? Ils la comprennent de singulière façon dans leurs syndicats rouges, où tout marche le plus souvent par le régime de la terreur, où l'on décrète la grève sur un mot d'ordre anonyme venu on ne sait de quelle source suspecte, malgré le vœu intime de la grande majorité des travailleurs, forcés de se courber sous la férule; ou bien encore quand ils assomment à coups de trique, s'ils n'assassinent à coups de couteau, les ouvriers du syndicat jaune coupables de vouloir vivre en travaillant.

Leur « fraternité ». — La fraternité? il leur sied bien d'en parler, eux qui sont les héritiers en ligne directe des sanguinaires jacobins et massacreurs de 1793, des farouches émeutiers de 1848, et des communards assassins de 1871. La fraternité? la Révolution l'avait inscrite en grosses lettres sur son étendard, et jamais la haine n'a été plus profonde qu'aujourd'hui entre tous les citoyens. La fraternité? Je n'en veux qu'un exemple, de leur fraternité. — Vous avez vu chassées naguère de leurs maisons, du sol de leur pays ou jetées à la rue ces fleurs de sainte charité et d'inépuisable dévoûment qui se nomment les religieuses françaises. L'immense majorité d'entre elles étaient filles du peuple ; et combien qui avaient, dans les carrefours de la grande ville, avec une bonté que rien ne rebute, prodigué leurs soins aux mères, aux femmes, aux enfants des farouches de la sociale, sinon à eux-mêmes. Beaucoup parmi ces pauvres exilées ont été réduites à un dénûment, à une misère dont je pourrais vous citer de poignants exemples. — Eh bien, Messieurs, quelqu'un, un seul, s'est-il levé dans le clan socialiste pour jeter en faveur de ces infortunées un mot de commisération ? — Non, bien au contraire ; dans cette monstrueuse chasse à de pauvres et saintes femmes, ils ont été les plus implacables à frapper, à révoquer, à proscrire ; ils n'ont même pas eu cette reconnaissance grossière qui s'appelle la reconnaissance du ventre !

Leur « égalité ». — L'égalité ? Il y a, sur ce sujet, une réponse à leur faire qui les gêne toujours considérablement, si elle ne les « cloue » point net dans leurs développements fantaisistes : Messieurs les socialistes, vous avez parmi vous pas mal de millionnaires ; vous avez Millerand, vous avez Jaurès, vous avez Berteaux et bon nombre d'autres richissimes adeptes : s'ils étaient logiques, ne viendraient-ils point sacrifier tous les premiers leur fortune sur l'autel collectiviste ? — Que ne mettez-vous donc en commun leurs millions, à eux, en laissant les autres citoyens tranquilles : personne n'y verra d'inconvénients ! — Ils ne le feront pas, car ce qu'ils veulent, c'est surtout partager le bien des autres et pêcher en eau trouble. Ils ne feront pas, parce qu'ils savent qu'en France, en Amérique ou ailleurs, plus de quarante essais particuliers de socialisme ont été faits au siècle dernier, et qu'ils ont tous sombré dans l'anarchie et le ridicule ; ils ne le feront pas, parce qu'en somme, ils ne savent ni édifier, ni construire : toute leur science consiste à critiquer, à nier, à détruire ; c'est la tactique du malfaiteur et du fou qui d'un coup de marteau ou avec un tison peut anéantir en un moment les plus beaux chefs-d'œuvre de l'art.

Ainsi, Messieurs, appuyé d'une part sur le roc indestructible de la foi catholique, et de l'autre sur un profond amour de la liberté pour tous, vous serez forts contre ces meneurs, vous serez invincibles, vous aurez toujours la victoire, au moins devant un auditoire honnête et loyal, qui sait répondre aux justes arguments autrement que par des injures ou des des coups, le seul dont il puisse être question, parce que vous aurez pour vous l'équité, le droit, le bon sens, la vérité, toutes choses immortelles et impérissables comme Dieu d'où elles émanent.

TABLE DES MATIÈRES

RÉFUTATION DU SOCIALISME

I.

II

III

AVENIR DU SOCIALISME

CONCLUSION

Lyon. — Imprimerie Emmanuel Vitte, rue de la Quarantaine, 18.

www.ingramcontent.com/pod-product-compliance
Ingram Content Group UK Ltd.
Pitfield, Milton Keynes, MK11 3LW, UK
UKHW021230230726
13926UKWH00003B/1359